나만의 여행을 찾다보면 빛나는 순간을 발견한다.

잠깐 시간을 좀 멈춰봐.
잠깐 일상을 떠나 인생의 추억을 남겨보자.
후회없는 여행이 되도록
순간이 영원하도록
Dreams come true.

Right here.
세상 저 끝까지 가보게

New normal

뉴 노멀^{New normal} 이란?

흑사병이 창궐하면서 교회의 힘이 약화되면서 중세는 끝이 나고, 르네상스를 주도했던 두 도시, 시에나(왼쪽)와 피렌체(오른쪽)의 경쟁은 피렌체의 승리로 끝이 났다. 뉴 노멀 시대가 도래하면 새로운 시대에 누가 빨리 적응하느냐에 따라 운명을 가르게 된다.

전 세계는 코로나19 전과 후로 나뉜다고 해도 누구나 인정할 만큼 사람들의 생각은 많이 변했다. 이제 코로나 바이러스가 전 세계로 퍼진 상황과 코로나 바이러스를 극복하는 인간의 과정을 새로운 일상으로 받아들여야 하는 뉴 노멀New normal 시대가 왔다.

'뉴 노멀New normal'이란 시대 변화에 따라 과거의 표준이 더 통하지 않고 새로운 가치 표준이 세상의 변화를 주도하는 상태를 뜻하는 단어이다. 2008년 글로벌 금융위기를 겪으면서 세계 최대 채권 운용회사 핌코PIMCO의 최고 경영자 모하마드 엘 에리언Mohamed A. El-Erian이 그의 저서 '새로운 부의 탄생When Markets Collide'에서 저성장, 규제 강화, 소비 위축, 미국 시장의 영향력 감소 등을 위기 이후의 '뉴 노멀New normal' 현상으로 지목하면서 사람들에게 알려졌다.

코로나19는 소비와 생산을 비롯한 모든 경제방식과 사람들의 인식을 재구성하고 있다. 사람 간 접촉을 최소화하는 비대면을 뜻하는 단어인 언택트Untact 문화가 확산하면서 기업, 교육, 의료 업계는 비대면 온라인 서비스를 도입하면서 IT 산업이 급부상하고 있다. 바이러스가 사람간의 접촉을 통해 이루어지므로 사람간의 이동이 제한되면서 항공과 여행은 급제동이 걸리면서 해외로의 이동은 거의 제한되지만 국내 여행을 하면서 스트레스를 풀기도 한다.

소비의 개인화 추세에 따른 제품과 서비스 개발, 협업의 툴, 화상 회의, 넷플릭스 같은 홈 콘텐츠가 우리에게 다가오고 있으며, 문화산업에서도 온라인 콘텐츠 서비스가 성장하고 있다. 기업뿐만 아니라 삶을 살아가는 우리도 언택트Untact에 맞춘 서비스를 활성화하고 뉴 노멀New normal 시대에 대비할 필요가 있다.

뉴 노멀(New Normal) 여행

뉴 노멀New Normal 시대를 맞이하여 코로나 19이후 여행이 없어지는 일은 없지만 새로운 여행 트랜드가 나타나 우리의 여행을 바꿀 것이다. 그렇다면 어떤 여행의 형태가 우리에게 다가올 것인가? 생각해 보자.

■ 장기간의 여행이 가능해진다.

바이러스가 퍼지는 것을 막기 위해 재택근무를 할 수 밖에 없는 상황에 기업들은 재택근무를 대규모로 실시했다. 그리고 필요한 분야에서 가능하다는 사실을 알게 되었다. 재택근무가 가능해진다면 근무방식이 유연해질 수 있다. 미국의 실리콘밸리에서는 필요한 분야에서 오랜 시간 떨어져서 일하면서 근무 장소를 태평양 건너 동남아시아의 발리나 치앙마이에서 일하는 사람들도 있다.

이들은 '한 달 살기'라는 장기간의 여행을 하면서 자신이 원하는 대로 일하고 여행도 한다. 또한 동남아시아는 저렴한 물가와 임대가 가능하여 의식주를 저렴하게 해결할 수 있다. 실리콘밸리의 높은 주거 렌트 비용으로 고통을 받지 않는 새로운 방법이 되기도 했다.

▎ 자동차 여행으로 떨어져 이동한다.

유럽 여행을 한다면 대한민국에서 유럽까지 비행기를 통해 이동하게 된다. 유럽 내에서는 기차와 버스를 이용해 여행 도시로 이동하는 경우가 대부분이었지만 공항에서 차량을 렌트하여 도시와 도시를 이동하면서 여행하는 것이 더 안전하게 된다.

자동차여행은 쉽게 어디로든 이동할 수 있고 렌터카 비용도 기차보다 저렴하다. 기간이 길면 길수록, 3인 이상일수록 렌터카 비용은 저렴해져 기차나 버스보다 교통비용이 저렴해진다. 가족여행이나 친구간의 여행은 자동차로 여행하는 것이 더 저렴하고 안전하다.

▨ 소도시 여행

여행이 귀한 시절에는 유럽 여행을 떠나면 언제 다시 유럽으로 올지 모르기 때문에 한 번에 유럽 전체를 한 달 이상의 기간으로 떠나 여행루트도 촘촘하게 만들고 비용도 저렴하도록 숙소도 호스텔에서 지내는 것이 일반적이었다. 하지만 여행을 떠나는 빈도가 늘어나면서 유럽을 한 번만 여행하고 모든 것을 다 보고 오겠다는 생각은 달라졌다.

최근에 유럽뿐만 아니라 동남아시아에서도 다양한 음식과 문화를 느껴보기 위해 소도시 여행이 활성화되고 있었는데 뉴 노멀New Normal 시대가 시작한다면 사람들은 대도시보다는 소도시 여행을 선호할 것이다. 특히 이탈리아는 소도시의 매력이 넘치는 곳으로 친퀘테레, 아말피 해안, 시에나, 아시시, 이탈리아 알프스 등은 소도시로 떠나는 여행자가 증가하고 있었다. 그 현상은 앞으로 증가세가 높을 가능성이 있다.

호캉스를 즐긴다.

유럽의 이탈리아나 동남아시아로 여행을 떠나는 방식도 좋은 호텔이나 리조트로 떠나고 맛있는 음식을 먹고 나이트 라이프를 즐기는 방식으로 달라지고 있었다. 이런 여행을 '호캉스'라고 부르면서 젊은 여행자들이 짧은 기간 동안 여행지에서 즐기는 방식으로 시작했지만 이제는 세대에 구분 없이 호캉스를 즐기고 있다.

코로나 바이러스로 인해 많은 관광지를 다 보고 돌아오는 여행이 아닌 가고 싶은 관광지와 맛좋은 음식도 중요하다. 이와 더불어 숙소에서 잠만 자고 나오는 것이 아닌 많은 것을 즐길 수 있는 호텔이나 리조트에 머무는 시간이 길어졌다. 심지어는 리조트에서만 3~4일을 머물다가 돌아오기도 한다.

■ 저 밀집 여행

코로나 바이러스가 전 세계를 휩쓸면서 우리 삶의 많은 것들이 변했다. 여행도 마찬가지로 변화하고 있다. 나라마다 공항을 걸어 잠그면서 여행을 할 수 없었지만 백신이 보급되면서 섬차 여행이 시작되고 있다. 코로나 바이러스가 있지만 인간은 새로운 지역으로 이동하여 여행을 하면서 사는 것이 일반화되었다. 여행이 자유롭게 가능해지면 더욱 여행을 많이 하는 '보복 여행'도 나타나게 된다.

코로나 바이러스가 유행하기 전, 각국의 관광도시들은 관광객으로 몸살을 앓는 '다크 투어

리즘'이 나타나기도 했다. 관광객이 몰려들면서 관광도시들은 매일매일 관광객과 씨름을 하는 일이 많아지며 대비를 해야 한다고 했다. 임대료가 비싸지고 범죄도 늘어나면서 각국은 여행자를 제한하는 것에 관심이 많아졌다. 그런데 코로나 바이러스가 전 세계로 번져 나가면서 여행이 금지되었다.

이제는 여행의 패턴이 달라졌다. 사람들이 한 곳에 몰려서 여행하는 방식도 아니고 여행지도 너무 많은 사람들이 도시로 여행하는 것을 달가워하지 않는다. 이탈리아의 베네치아는 도시로 들어와 여행하는 사람들을 제한하려고 한다. 앞으로 관광도시들뿐만 아니라 여행자도 밀집지역으로 여행하는 것을 꺼리고 있다. 한마디로 '저 밀집 여행'을 하려고 다양한 방법을 강구하고 있다.

Contents

이탈리아 자동차 운전 방법
유럽의 통행료
이탈리아 로마
이탈리아 르네상스의 후원자, 메디치 가문
건축으로 시대를 보는 이탈리아 여행

이탈리아 북부

이탈리아 남부

남부 지방 운전하기

Intro

이탈리아 여행이 소도시만을 여행하는 여행으로 늘어나고 있다. 남북으로 길게 뻗은 장화모양의 국토에서 대표적인 도시만을 여행하는 것은 겉핥기라는 것을 알게 된 여행자들이 늘어났기 때문이다. 이탈리아는 도시 국가에서 출발하여 오늘날까지도 지방마다 각각 작은 나라와 같은 특색을 간직하고 있다.

이탈리아 하면 빼놓을 수 없는 것이 바로 관광 산업으로 다양한 볼거리는 장기여행자들을 끌어들이고 있다. 이탈리아는 로마 제국의 유적과 르네상스 시대의 예술품 등 역사 유적이 풍부해 관광 산업으로 많은 수입을 올리고 있는데 최근에는 대한민국의 이탈리아 여행자들도 소도시를 여행하기 시작했다.

더운 여름에도 필요한 준비물은 아침, 저녁으로 긴 팔을 입고 있던 바다부터 따뜻하지만 건조한 빛이 나를 감싸는 이탈리아의 해변 모습이 생생하게 눈으로 전해온다. 이탈리아에서 소도시 여행을 여유롭게 즐긴다면 당신에게 새로운 기쁨을 선사할 것이다.

중부의 토스카나 지방에는 중세의 모습과 르네상스의 모습이 고스란히 남아 있다. 맑은 하늘과 깨끗한 바다에서 신나게 노는 것도 쉬운 일이지만 때로는 이 나라의 문화적인 독특함을 감상하는 것도 좋은 여행 방법이다.

이탈리아 남부지방은 자동차로 해안을 따라 여행하면서 여유를 가지고 햇빛을 만끽해야 한다. 해안도시에서는 눈에 띄게 지중해 분위기를 가득 느낄 수 있다. 그러면 아름다운 해안과 푸른 바다가 당신에게 행복을 가져다 줄 것이다.

ABOUT
이탈리아

Italy

발레다 오스타
아오스타

롬바르디아
밀라노

트렌티노 알토
아디제
트렌토

트리에스테

베네토
베네치아

토리노
피에몬테

에밀리아 로마냐
볼로냐

리구리아
제노바

피렌체

토스카나

안코나

페루자
마르케

움브리아

라칠라
아브루치

로마

라치오

몰리세
캄포바소

캄파니아
나폴리

풀리아
바리

포텐치
바실리카타

사르데냐

칼리아리

칼라브리아

카탄차로

팔레르모

시칠리아

한눈에 보는 이탈리아

이탈리아 '3색기'라고 부르는 이탈리아 국기는 왼쪽부터 초록 · 하양 · 빨강의 3 색으로 프랑스의 국기를 모방하여 만들어졌다. 의미도 똑같이 '자유 · 평등 · 박애'이다. 3색이 아름다운 국토(초록), 알프스의 눈과 정의 · 평화의 정신(하양), 애국의 뜨거운 피(빨강)를 나타낸다고 이야기하기도 한다.
1796년, 프랑스의 나폴레옹 1세가 이탈리아에 공화국을 설립한 후 3색기를 국기로 제정하였다. 통일운동에도 사용되면서 국민들에게 알려지기 시작하였고 통일 후인 1860년에 국기로 정식으로 제정되었다.

- ▶**국명** | 로마
- ▶**언어** | 이탈리아어
- ▶**면적** | 3,013만 4천ha
- ▶**인구** | 약 6,046만 명
- ▶**GDP** | 3만 4,318.35달러
- ▶**종교** | 가톨릭 85.7%, 정교회 2.2%, 이슬람 2%, 개신교 1.2%
- ▶**시차** | 8시간 느리다. (서머 타임 기간 동안은 7시간 느리다.)

경제

고대 이탈리아는 유럽의 중심지였으나 근대 사회가 형성되면서 서유럽에 뒤처지게 되었다. 제 2차 세계대전을 거치면서 황폐화되었으나 50~60년대에 높은 경제성장률을 이루게 되어 경제 강국이 되었지만 최근에 재정위기를 거치면서 경제는 활력을 잃고 있다. 북부 지역은 남부에 비해 공업화가 이루어지면서 밀라노, 토리노, 제노바 등이 경제의 중심축을 이루고 있다.

정치

의원내각제 국회는 정부에 대한 신임과 대통령의 임명권을 가지고 있는 독특한 정치형태를 가지고 있다. 국회는 상, 하 양원제를 택하고 5년의 임기를 가지고 있다. 많은 군소 정당이 난립해 있어 정치가 불안하여 경제의 발목을 잡고 있다는 평가를 받고 있다.

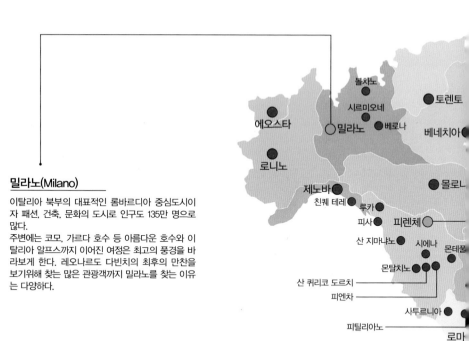

밀라노(Milano)

이탈리아 북부의 대표적인 롬바르디아 중심도시이
자 패션, 건축, 문화의 도시로 인구도 135만 명으로
많다.
주변에는 코모, 가르다 호수 등 아름다운 호수와 이
탈리아 알프스까지 이어진 여정은 최고의 풍경을 바
라보게 한다. 레오나르도 다빈치의 최후의 만찬을
보기위해 찾는 많은 관광객까지 밀라노를 찾는 이유
는 다양하다.

로마(Roma)

이탈리아의 수도인 로마는 인구 약 290만 명이 사는
도시로 라치오 지방의 주도이기도 하다. 유럽에서
가장 많은 관광객이 몰려드는 도시로 대표적인 콜로
세움부터 나보나 광장, 트레비 분수, 바티칸의 산피
에트로 대성당, 바티칸 박물관 등 너무 많은 관광지
를 가지고 있다.
2개의 지하철 노선이 있으나 발굴되지 않은 지하 고
대 유물 때문에 지하철 노선이 늘어나기 힘들다.

● 트리에스테

베네치아(Venezia)

영어로 베니스라고도 부르는 인구 28만 명의 베네치아는 전 세계에서 운하로 이루어진 도시들의 맏형 같은 도시이기도 하다. 구시가 외에 주변 섬까지 이루어진 운하도시는 다른 도시에서는 볼 수 없는 곤돌라부터 풍경까지 이국적이다.

●시시

● 스펠로

— 오르비에토
— 치비타 디 반뇨레조

피렌체(Firenze)

영어로는 '플로렌스'라고도 부르는 피렌체는 이탈리아 중부, 토스카나 지방의 중심 도시로 약 35만 명이 살고 있다. 르네상스의 발상지로 미켈란젤로, 라파엘로, 레오나르도 다빈치 등 많은 예술가가 활동했던 도시이다.
유럽에서도 손꼽히는 시뇨리아 광장이 있고 주변에는 베키오 궁전을 비롯해 이탈리아의 대표적인 르네상스 건물이 즐비하다. 미켈란젤로 언덕에서 바라보는 도시의 전경은 최고의 풍경을 자랑한다.

● 폴리냐노 아 마레

● 알베로벨로

● 나폴리
○ 폼페이
● 소렌토   ● 마테라
아말피 해안
살레르노

폼페이(Pompeii)

베수비오 화산의 남동쪽에 위치한 항구도시였던 폼페이는 제정 로마시대에 인구가 2만 명에 달했던 귀족들의 휴양지이자 쾌락의 도시였다. 베수비오 화산의 폭발에 의해 한순간에 잿더미로 변해 사람들의 기억에서 사라졌다. 1748년 우연히 발견되면서 세상에 드러난 도시는 절반 정도 발굴이 된 상태이다.

● 팔레르모

이탈리아 사계절

대한민국과 같은 반도 국가인 이탈리아는 알프스 산맥의 북서쪽에서 남동쪽으로 뻗은 반도 지역과 시칠리아, 사르데냐 섬으로 구성되어 있다. 삼면이 지중해로 둘러싼 바다로 이루어져 있고 국토의 75%는 산지로 곡물 재배는 힘든 지역이다. 국토가 남북으로 길어서 지역에 따라 기후가 다르지만 온화하고 따뜻한 지중해성 기후로 따뜻하고 사계절의 변화가 뚜렷하여 살기에 적합한 기후이다.

봄/가을
Spring / Winter

봄과 가을은 짧은 편이다. 또한 날씨가 여름에서 겨울로 겨울에서 봄으로 변화하는 시기에는 날씨의 변화가 심해진다. 또한 알프스 산맥이 있는 북쪽은 해발 고도의 차이가 커서 날씨도 변화무쌍하다. 5월과 9월이 이탈리아를 여행하기에 가장 좋은 건조하고 비가 적당히 오는 날씨를 지속한다. 10월이 지나면서 급속하게 날씨의 변화가 심해지므로 몸을 따뜻하게 유지할 수 있도록 해야 감기에 걸리지 않는다.

27

여름
Summer

여름에는 비가 거의 내리지 않고 무더운 날씨가 이어지고 겨울에는 온화하고 비가 많이 내린다. 어느 지역이나 무덥지만 남부는 더 뜨겁고 건조하다. 여름 성수기 여행에는 자외선이 강하고 무덥기 때문에 선글라스를 준비하는 것이 좋다.

겨울
Winter

북쪽지방은 알프스와 인접한 지역이라 춥기 때문에 스키를 타러 오는 여행자가 많고 중부지방부터는 지중해성 기후의 특징으로 비가 많이 오는 날이 3월까지 이어진다.

로마 제국의 후예, 이탈리아

로마 제국의 본거지였던 이탈리아에는 아직도 로마 제국 시대의 문화유산이 많이 남아 있다. 실용적이고 개방적이었던 로마 인들은 특히 커다란 건축물과 이탈리아 구석구석을 연결하는 도로를 많이 남겼다. 위대했던 로마 제국의 후예답게 오늘나르이 이탈리아도 유럽의 문화와 경제를 이끄는 부강한 나라 가운데 하나이다.

■ 로마 제국의 영광과 상처의 선진국

기원전 8세기에 로물루스가 세운 도시 국가 로마는 아우구스투스 황제 때 전성기를 맞아 지중해 세계를 지배하는 대제국이 되었다. 그러나 395년에 동, 서로 갈라졌고 서로마는 멸망의 길을 걷게 되었다.

그 뒤, 이탈리아는 오랫동안 도시 국가들로 분열되어 있었지만 베네치아와 밀라노, 피렌체 같은 도시 국가들이 무역으로 크게 발전하여 15세기에 이르러 르네상스를 꽃피웠다. 이탈리아는 1870년에 가서야 통일을 이루지만 무솔리니의 파시즘 정권과 두 차례의 세계 대전을 겪으면서 큰 혼란에 빠지기도 했다. 그러나 지금은 북부 공업 도시를 중심으로 경제 부흥에 성공하여 선진국 대열에 합류하였다.

■ 이름만 들어도 아는 도시들

이탈리아에는 수도 로마를 비롯해 이름만 들어도 알 수 있는 유명한 도시들이 많다. 르네상스가 태어난 예술의 도시 피렌체, 학문과 과학, 기술의 중심지이자 해마다 어린이 책 전시회가 열리는 볼로냐, 패션쇼에는 물론 각종 박람회가 끊이지 않는 패션의 도시 밀라노, 수많은 섬이 물에 떠 있는 듯이 보이는 물의 도시 베네치아, 세계에서 가장 아름다운 항구 도시 나폴리, 1,700여 년 만에 발굴된 고대 도시 폼페이까지 이름만 대도 숨이 찰 정도이다.

르네상스 미술

고대 그리스 로마 문화를 되살리는 운동이었던 르네상스가 시작된 나라가 바로 이탈리아 이다. 그래서 이탈리아는 16세기까지 유럽 회화의 중심이었다. 르네상스 시대의 세 거장 레오나르도 다 빈치와 미켈란젤로, 라파엘로가 모두 이탈리아 인이다.

화가로서 뿐만 아니라 의학과 과학에도 재능이 뛰어났던 레오나르도 다 빈치는 모나리자, 최후의 만찬 등을 남겼고 미켈란젤로는 다윗 상과 피에타가 유명하다. 세 사람 중 가장 나이가 어렸던 라파엘로는 성모자상과 아테네 학당 같은 작품을 그렸다.

▥ 지붕 없는 역사박물관, 로마

이탈리아의 수도인 로마는 고대 로마 제국의 수도이기도 했다. 로마 제국 시대의 건물들은
거의 다 폐허가 되었지만, 로마의 땅을 파기만 하면 아직도 로마 제국의 유적들이 나온다
고 한다. 도시 전체가 역사박물관인 셈이다. 로마 제국의 유적은 특히 아피아 가도의 길가
에 많이 남아 있다.

피자와 파스타, 스파게티

이탈리아 인들은 밥 대신 파스타를 먹는 다. 파스타는 이탈리아식 국수인데 파스타 가운데 특히 면이 길쭉한 것을 스파게티라고 부른다. 피자는 로마 제국 시대에 기름과 식초로 반 죽해 구운 납작한 빵에서 유래했다고 한다. 그때는 빵과 마늘과 양파를 곁들여 먹었는데, 빵에 토마토나 각종 야채를 넣은 오늘날과 같은 피자는 18세기 말부터 만들어졌다.

■ 유행을 이끌어 가는 이탈리아 북부의 패션 산업

이탈리아는 르네상스를 시작한 나라답게 뛰어난 패션 디자이너가 아주 많은 나라이다. 대표적인 패션 디자이너인 아르마니는 '옷은 사람을 품위 있게 보이도록 해 줘야 한다.'는 신념으로 단순하면서도 우아한 디자인의 옷을 많이 만들었다. 전통적인 섬유 도시인 밀리노에서는 거의 매일 패션 박람회가 벌어지는데 새로운 디자인을 구경하고 배우기 위해서 많은 사람이 밀라노로 몰려든다.

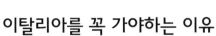

이탈리아를 꼭 가야하는 이유

유혹의 나라

유럽의 지도를 보면 장화의 모양으로 유럽의 남부, 지중해 중앙에 자리를 잡은 나라이다. 장화의 모양만큼 독특한 것들이 다 모여 있는 나라가 이탈리아이다. 교황, 화가, 정부, 시인, 이상한 정치인 등 3천년의 역사와 문화, 요리 등은 전 세계의 사람들에게 여행을 하고 싶은 유혹의 나라이다.

▨ 신선한 음식과 와인

대부분의 이탈리아 여행을 하는 도시인 로마, 피렌체, 베네치아뿐만 아니라 중부의 토스카나 지방과 북부의 소도시를 적절히 섞어 여행한다면 더할 나위 없이 신선한 이탈리아 음식을 맛볼 수 있을 것이다. 물론 맛있는 음식과 와인을 음미하며 패션의 도시를 구경하는 기본적인 욕구 충족도 이탈리아에서 빼놓을 수 없는 기쁨 중 하나일 것이다.

■ 다양한 여행 기간과 경험

로마 유적들과 좁은 중세 언덕마을, 이탈리아 알프스인 돌로미테 등 이탈리아에는 볼거리
가 가득한 도시들이 곳곳에 숨어 있다는 것을 알아야 한다. 다양한 경험을 위해 이탈리아
에서만 한 달 이상을 여행해도 충분한 정도이다. 가을 수확이 끝나는 9월부터 이탈리아의
문화와 함께하는 축제를 경험하는 것도 이탈리아 여행의 재미이다.

아름다운 소도시

고대 성벽에 둘러싸인 아름답고 온화한 도시는 언덕 위에 건설되어 적갈색의 장엄한 고딕
선물들이 즐비하고, 여행자를 유혹하는 아름다운 중세 마을들이 많다. 제노바, 베네치아,
피사 등의 해상국가는 중세시대에 위용을 떨치던 때도 있었지만 지금은 너무나 유명한 명
성만으로도 전 세계의 사람들은 기꺼이 여행을 하고 있다.

▨ 환상적인 야경

이탈리아의 각 도시들은 서유럽의 야경과는 다른 옛 시절을 보는 야경이 관광객의 마음을
사로잡는다. 도시가 크던지, 작던지 문제가 되지 않는다. 너도나도 황홀한 풍경에 사로잡
힌다. 관광객의 마음을 빼앗아 가는 야경을 보는 기회를 잡아보자.

가족에 대한 애정

이탈리아는 서유럽에 비해 가족 공동체를 중요하게 생각한다. 그래서 가족에 대한 애정이 남다르며 가족들이 함께 시간을 보내는 시간이 많다. 또한 그들의 마을에 사람들이 찾아오면 친절하게 맞이하면서 가족처럼 따뜻하게 대한다.

그들의 친절한 태도는 여행자를 감동시키고 다시 찾아오고 싶은 느낌을 받게 만들어준다. 그래서일까? 최근에 이탈리아로 장기여행인 한 달 살기를 하는 여행자들이 많아지는 추세이다.

ITALY

이탈리아
여행에
꼭필요한
INFO

와인의 기초 상식, 와인을 느껴보자!

바디감(Body)
와인을 입에 머금고 잠깐 멈추면 입안에서 느껴지는 와인만의 묵직한 느낌이 다가온다.

Light Body
알코올 12.5% 이하의 와인은 일반적으로 라이트-바디 와인이라고 부른다. 화이트 와인이 대부분 산뜻한 맛을 느끼게 해준다.

Mdeium Body
알코올 12.5~13.5%의 와인은 일반적으로 미디엄-바디 와인이라고 부른다. 로제, 프렌치 버건디, 피놋 그리지오, 쇼비뇽 플라 등이 중간 정도의 느낌을 준다.

Full Body
알코올 13.5% 이상의 와인은 풀-바디 와인으로 말한다. 대부분의 레드 와인이 이에 속한다. 샤도네이 와인만 풀-바디의 화이트 와인이다.

탄닌(Tanni)
와인 맛에서 가장 뼈대를 이루는 중요한 부분으로, 와인을 마실 때 쌉싸름하게 느끼는 맛의 정체가 탄닌Tannin이다. 식물의 씨앗, 나무껍질, 목재, 잎, 과일의 껍질에는 자연적으로 생겨나는 폴리페놀이 있는데, 우리는 쓴맛으로 느끼게 된다.

일반적으로 와인의 탄닌은 포도껍질과 씨앗에서 나오게 되며 오크통 안에서 숙성을 거치면서 오크통에서도 약간의 탄닌이 나오게 된다. 와인을 안정시켜주며 산화를 막아주는 가장 기본적인 성분이다.

산도(Acidty)
와인의 맛에 살아있는 느낌을 준다고
이야기하는 부분으로 와인이 장기 숙
성을 할 수 있는 요소이다.

주석산(Tartaric Acid)
와인의 맛과 숙성에 가장 큰 역할을 하
는 중요한 산으로 포도가 익어가는 과
정에서 변하지 않고 양이 그대로 존재
하게 된다.

사과산(Malic Acid)
다양한 과일에 함유된 산으로 포도가
익기 전에는 사과산 수치가 높지만 점
점 익어가면서 수치가 낮아지게 된다.

구연산(Crtric Acid)
감귤류에 함유된 산으로 와인에는 주석
산의 약 10% 정도만 발견되는 가장 적
은 양의 산이다.

라벨 읽는 방법
→ 와이너리 이름
→ 생산지역
→ 포도 수확 연도

Italy Wine

이탈리아 와인

이탈리아 와인은 좋은 와인인데도 프랑스 와인에 비해 제대로 된 값을 받지 못했다. 그래서 이탈리아 와인협회는 1963년 하위등급 VdT(Vino da Tavola)부터 I.G.T(Indicazione Geografica Tipica), D.O.C(Denominazione di Origine Controllata), D.O.C.G(Denominazione di Origine Controllata e Garantita) 4등급으로 분류하고 체계를 갖추었다. 2010년에 유럽 연합에서 규정에 따라 등급을 나누는 명칭을 바꾸고 변경했지만 아직 변화는 많지 않다.

이탈리아 와인 등급　　　　　유럽연합 권고 등급

D.O.C.G

Denominazione di Origine
Controllata e Garantita

약자인 'DOCG'라로 부르며 포도 수확량과 생산 방법을 엄격하게 제한한 이탈리아 정통 와인에만 적용하는 최고 등급이다. 이탈리아 정부에서 보증하는 최고급 와인은 전체 와인 생산량 중 8~10%만이 분류되고 갈색 띠를 두르고 있다. 현재 15개 지역에서 생산되며, 이 등급에 해당되는 와인은 24개다.

D.O.C

Denominazione di Origine
Controllata

약자인 DOC는 프랑스의 AOC의 등급 제도를 모델로 삼은 것으로 포도 품종과 수확량, 생산 방법을 모두 규제한다. 고급 와인이지만 최고 등급은 아니다.
D.O.C 원산지 통제표시 와인 품질을 결정하는 위원회의 주기적인 점검을 받아야 한다. 전체 와인 생산량 중 10~12%만이 분류된다. DOC급 또한 DOCG와 마찬가지로 이를 보증하는 푸른색 띠를 쓴다.

I.G.T
Indicazione Geografica
Tipica

약자로 IGT라고 부르며 최근에 도입된 등급이다. 프랑스의 뱅 드 페이를 모델로 삼아 일반화된 와인과 생산지를 표시한 중급 와인이다. 일상적인 서민 수준에서부터 국제적인 수준의 와인까지 다양한 레벨의 와인 품질을 보유하고 있으나, D.O.C.G나 D.O.C에 사용되는 지방이나 지역 이름은 사용할 수 없다.

VdT
Vino da Tavola

규제가 없는 와인들로 이루어진 최하위 등급으로 일반적인 테이블 와인이자 일상적으로 소비하는 와인이다. 이탈리아의 와인 제조업자들 중 독창적인 와인을 만들어 내는 업자들은 VdT등급을 따르되, 저가가 아닌 고가 와인을 만들어 판매하는데, 고가의 슈퍼 토스카나 와인이 이에 해당한다.

와인의 품종

피에몬테 (Piemonte)

바롤로 Barolo	바르바레스코 Barbaresco	모스카토 다스티 moscato d'Asti
네비올로 품종이지만 묵직하고 진한 레드 와인으로 '와인의 왕'으로 불린다.	같은 품종이지만 부드럽고 세련된 레드 와인으로 와인의 여왕으로 불린다.	부드럽고 가벼운 발포성 와인이다.

포도 품종

네비올로(Nebbiolo)

이탈리아 북부인 피에몬테 지역의 토착 품종으로 추운 겨울 날씨에 잘 견딘다. 수확이 늦고 포도가 늦게 익어서 알콜 도수가 높게 나와 풀 바디 느낌의 와인이 만들어진다. 주로 10년 이상의 장기 숙성 와인을 생산하는 품종으로 롬바르 디아와 베네토 지방에서는 '키아벤나스카(Chiavennasca)'라는 명칭으로 불린다.

바르베라(Barbera)

피에몬테 주를 중심으로 이탈리아 북부에서 널리 재배되는 품종이다. 적은 타닌 함유량과 함께 산도가 높고 과실향이 풍부하며 감칠맛 나는 레드 와인을 만들어낸다. 고급와인 보다는 테이블 와인으로 많이 이용되는 품종이다.

토스카나 (Toscana)

이탈리아에서 가장 유명한 와인과 포도밭이 있는 곳으로 지질구조가 다양하여 많은 와이너리가 존재한다. 지중해성 기후는 여름에는 뜨겁고 가을부터는 추워지는 기후는 고급 와인이 만들어지기 좋다. 산조베제와 폰테풀치아노와 같은 적포도가 잘 자라는 지역으로 구획별로 정해진 품종으로 와인을 만든다.

키안티 클라시코
Chianti Classico

토스카나의 전통 와인 중에서 우수한 품질의 와인으로 정평이 났있다.

브루넬로 디 몬탈치노
Brunello di Montalcino

장기 숙성하는 와인으로 묵직한 바디감에 부드러운 목넘김이 일품이다.

비노 노빌레 디 몬테풀치나오
Vino Nobile di Montepulciano

귀족와인이라는 명칭만큼우아하고 부드러운 와인이다.

슈퍼투스칸
Super Tuscan

외국 품종을 블렌딩하는 새로운 양조방식으로 인정받은 와인이다.

포도 품종

산조베제(SanGiovese)
이탈리아에서 가장 넓은 분포도를 보이는 레드 품종으로 토스카나 주를 중심으로 이탈리아 중부에서 널리 재배된다. 신맛이 강하지만 떫거나 부담스럽지 않아 밸런스가 좋다.

브루넬로(Brunello)
산조베제의 일종으로 브루넬로 디 몬탈치노 와인으로 유명하며, 산조베제 와인보다 묵직하고 색도 더 진하다.

몬테풀치아노(Montepulciano)
이탈리아 중동부에서 널리 재배되는 품종으로 토스카나에서는 산조베제(SanGiovese), 카나이올로 네로(Canaiolo nero), 말바지아(Malvasia)와 블렌딩하여 비노 노빌레 디 몬테풀치아노(Vino Nobile di Montepulciano)를 생산한다. 아브루초 지방에서는 최대 15%의 산조베제와 블렌딩하여 몬테풀치아노 다브루초(Montepulciano d'abruzzo)를 생산하며, 강건하고 드라이한 맛을 낸다.

이탈리아 음식

이탈리아는 로마 제국이 멸망하면서 각 도시들로 분화되어 살아왔다. 이탈리아 중, 북부는 이후의 서양 역사를 주도하면서 산업화도 이루어 호황을 누리면서 살아왔다. 농업이 발달하기도 하여 쌀이나 유제품이 들어간 요리가 많다. 이에 반해 이탈리아 남부는 경제적으로는 침체되었지만 풍부한 해산물을 활용해 올리브와 토마토, 모짜렐라 치즈를 넣어 만든 요리가 많다.

피자 (Pizza)

밀가루 반죽으로 만든 도우 위에 토마토 소스와 모짜렐라 치즈를 얹어 둥글고 납작한 형태로 구운 빵 요리이다. 이탈리아에서 유명한 나폴리에서 유래된 피자 마르게리타는 크러스트에 토마토 소스, 모짜렐라 치즈, 바질, 올리브 오일로 만든다. 최근에는 다양하게 고기, 살라미, 해산물, 치즈, 채소나 과일까지 다양한 종류의 토핑을 선택해 얹는다.

파스타 (Pasta)

지중해에서 생산된 밀에 물을 섞거나 달걀을
섞어 부풀리지 않고 반대기를 지어서 국수 등
의 형태로 만들 음식으로 삶거나 구워 먹는다.
이탈리아의 주식이며 국민 음식으로 종류도
다양하다.

아란치니 (Arancini)

이탈리아에서 피자나 파스타만큼 유명하지는 않지만 아란치니도 이탈리아를 대표하
는 음식 중의 하나이다. 시칠리아 지역에서 유래된 음식으로 고기, 토마토, 모짜
렐라, 각종 버섯, 피스타치오 등을 으깨 작은 골프공 크기 정도로 만들어 빵가
루를 묻혀 튀겨내는 요리이다.

라자냐 (Lasagne)

납작하고 큰 파스타 면에 야채, 치즈, 베샤멜 소스, 토마토 소스,
다진 고기 등을 층층이 쌓고 오븐에 구워 먹는 요리이다.

오소 부코 (Osso Buco)

송아지의 뒷다리 정각이 부위에 화이트 와인을
붓고 푹 고아 낸 일종의 찜 요리이다. 정강이뼈와
골수를 제거하지 않은 채 장시간 서서히 조리하
기 때문에 재료에서 진한 육수가 우러나며 육질
은 부드럽다.

프로슈토 (Prosciutto)

스페인의 하몽과 유사한 음식인데, 이탈리아 친구들은 이탈리아의 프로슈토Prosciutto가 원조라는 말을 많이 한다. 이탈리아의 저장 햄으로 멜론이나 치즈와 함께 먹는다. 치즈, 멜론, 프로슈토에 이탈리아 와인을 함께 먹으면 금상첨화이다.

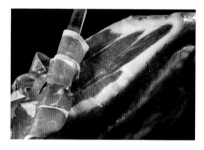

리볼리타 (Ribollitta)

투스카니 지방의 서민 음식이었던 리볼리타Ribollitta는 냄비에 올리브오일을 두르고 다양한 야채를 넣어 볶은 후에 으깬 토마토와 닭 육수를 넣어 삶아내면 카넬리니 빈과 케일을 넣어서 섞는다. 오래된 빵을 넣어 걸죽하게 만들면 리볼리타가 된다.

살팀보카 (Saltimbocca)

'입안에 넣으면 깜짝 놀란다'라는 이탈리아어인 살팀보카Saltimbocca는 얇게 썬 송아지 고기에 프로슈토, 세이지Sage를 넣고 김밥처럼 말아서 와인과 버터를 넣어 튀기면 된다.

젤라또 (Gelato)

부드러운 젤라또는 이탈리아에서 유래한 아이스크림으로 과육, 설탕, 우유, 커피나 향초 등을 섞어 만들 것이다. 일반적인 아이스크림보다 지방 함량이 낮고 맛은 더 진한 것이 특징이다.

토르네 (Torrone)

이탈리아 전통 디저트인 토르네Torrone 는 꿀, 달걀의 흰자, 구운 견과류, 레몬 제스트 등을 섞어 굳힌 음식이다.

이탈리아 르네상스의 탄생

동방으로 나아가 세력을 넓히고자 했던 유럽의 여러 나라는 십자군 전쟁을 일으켰다. 전쟁을 치르며 많은 사람이 유럽과 아시아를 넘나들게 되었다. 이것을 기회로 유럽인들은 물자가 풍부한 아시아에서 여러 문물을 들여왔다. 덕분에 상업이 발달하고, 상업의 중심이 되는 도시들이 발달하게 되었다.

활발한 도시 생활을 하는 사람들은 생각도 그만큼 자유로웠다. 이들은 교회의 권위를 부정하고 자유롭게 생각하며 개성을 발휘하고자 했다. 이들은 바로 고대의 그리스, 로마 문화를 본받아 더욱 새로운 문화를 창조하기 시작했다. 르네상스란 바로 고대 그리스, 로마 문화를 다시 살려 냈다는 뜻이다.

자유가 숨 쉬는 도시들

중세 유럽에서는 자기가 쓸 것을 자기가 생산하는 자급자족의 농촌 경제가 발달했다. 그런데 중세 말부터는 유럽과 아시아 사이의 무역이 활발해지면서 상업이 활기를 띠고 도시가 발달하기 시작했다. 특히 11세기 말에 시작된 십자군 전쟁은 유럽과 아시아 사이의 무역이 발전하는 데 크게 기여했다. 십자군 전쟁은 크리스트교의 성지인 예루살렘을 이슬람교도의 손에서 되찾는 다는 종교적인 목적으로 시작되어, 수많은 사람을 희생시킨 비극적인 전쟁으로 이어졌다. 하지만 한편으로는 향신료를 비롯한 동방의 산물들이 들어오고, 전쟁 무기를 만들기 위해 야금업이 활기를 띠는 등 상공업이 크게 번성하는 계기가 되었다.

그 가운데 이탈리아 반도는 유럽의 다른 지역보다 먼저 상공업이 발전했다. 상공업의 발전을 이끈 도시들은 피렌체를 비롯한 밀라노, 제노바, 베네치아, 피사 등으로 지중해 무역을 통해 번영했다. 이들 도시에서는 '회사'가 처음으로 세워지기도 하고, 주판을 사용하여 장부 정리를 하기도 했다. 이는 그만큼 상공업이 발달했음을 보여 주는 것이다. 그런데 중세 도시는 고대 도시와는 크게 달랐다.

고대 도시가 주로 농촌에서 생산한 것을 소비하는 중심지였다면, 중세 도시는 소비뿐만 아니라 생산의 중심지이기도 했다. 도시는 제품을 만들고 거래하는 중심지로서 상인과 수공업자들뿐만 아니라 관리, 의사, 교사, 법조인 등 전문 직업인도 많았다. 그들은 모두 전문 지식과 기술을 통해 부를 쌓아 갔다.

그러자 이웃 봉건 영주들이 도시를 탐내기 시작했다. 도시의 시민들은 용병을 고용하고 이웃 도시와 서로 동맹을 맺음으로써 영주들에게 대항하고 도시의 자유를 지키려고 노력했다. 그리하여 12세기 무렵에는 많은 도시가 주변 영주들로부터 자치권을 얻는 데 성공했다. 농촌에서 도망친 농노들도 도시에서 1년하고도 하루를 더 살면 자유인이 되었다. 자치 도시들은 봉건적인 억압이 판치는 중세 유럽에서 자유의 요새였다.

이탈리아 르네상스가 남긴 산물

예술의 개념

르네상스 시대에 예술의 개념이 생겨났다. 그 이전까지 예술가들은 단지 손재주가 좋은 기능공들로 여겨졌다. 이때부터 예술은 인간의 고귀한 정신을 표현하는 기예라는 생각이 등장했다. 오늘날 위대한 예술은 많은 사람에게 감동을 안겨 주며, 예술가들은 그만큼의 보상을 받는다.

합리주의

르네상스를 거치면서 사람들은 사물에는 고유한 법칙과 논리가 존재한다고 생각하게 되었다. 그리고 이 법칙과 논리는 인간이 자신의 눈으로 관찰하고 머리로 생각하여 설명할 수 있다고 믿었다. 이것을 합리주의라고 하는데, 이런 태도는 과학 기술이 발전하는 데에 크게 기여했다.

고전 물리학

갈릴레이가 물체의 운동 법칙을 연구한 이후, 뉴턴에 이르러 고전 물리학이 완성되었다. 이들에 따르면 우주는 하나의 커다란 기계이며 각 부분은 전체와 조화를 이루면서 각각의 기능을 다한다. 만물의 움직임에는 원인과 결과가 있으므로 모든 것은 예측과 설명이 가능하다. 고전 물리학의 발달로 인류는 여러 가지 편리한 기계와 도구를 발명할 수 있게 되었다.

인문주의

르네상스 시대에 학문 연구의 원칙이 세워졌고 인간 자신이 탐구 대상이 되었다.
인간을 탐구하면서 인문주의자들은 인간을 둘러싼 사회와 정치에 대해 큰 관심을 갖게 되었다. 인간과 관련된 모든 것을 숙고하고 연구하려는 태도는 오늘날 문학, 철학, 역사학 등 인문학 전통에 고스란히 녹아 있다.

이탈리아 여행 추천 일정

남부 & 중부지방

로마(바티칸 시국) → 폼페이&소렌토&카프리 → 아말피 → 티볼리 → 오르비에토
→ 로마

로마 & 토스카니 지방

로마(바티칸 시국) → 티볼리&오르비에토 → 아시시&시에나 → 피렌체(2일) → 로마

핵심 이탈리아

로마(바티칸 시국/2일) → 피렌체(2일) → 베네치아 → 밀라노

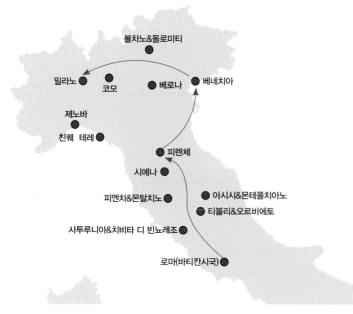

9박 10일

남부 & 중부지방

로마(바티칸 시국) → 폼페이&소렌토&카프리 → 아말피 → 티볼리 → 오르비에토 → 사투루니아 → 로마(2일)

로마 & 토스카니 지방

로마(바티칸 시국/1일) → 티볼리&오르비에토 → 아시시&몬테풀치아노 → 피엔차&몬탈치노 → 시에나 → 산지미냐노&피렌체(2일) → 로마

핵심 이탈리아

로마(바티칸 시국/2일) → 피렌체(2일) → 피사&친퀘 테레 → 베네치아 → 밀라노(2일)

이탈리아 알프스

밀라노 → 코모 호수 → 볼차노&돌로미티(4일) → 베네치아 → 베로나 → 밀라노

13박 14일

남부 지방

로마(바티칸 시국/2일) → 나폴리 → 폼페이 → 소렌토&카프리 → 아말피 → 살레르노&마테라 → 알베로벨로 → 폴리냐노 아 마레 → 티볼리 → 오르비에토 → 로마

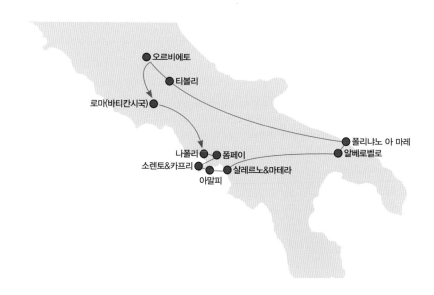

중부 지방

로마(바티칸 시국) → 사투루리아&치비타 디 빈뇨레조 → 티볼리&오르비에토 → 아시시&
몬테풀치아노 → 피엔차&몬탈치노 → 시에나 → 산지미냐노 → 피렌체(2일) → 루카&피사
→ 친퀘테레 → 로마

로마에서 밀라노까지

로마(바티칸 시국/2일) → 티볼리&오르비에토 → 아시시&몬테풀치아노 → 피엔차&몬탈치
노 → 시에나 → 산지미냐노 → 피렌체(2일) → 친퀘 테레 → 제노바 → 밀라노

북부 & 알프스

밀라노(2일) → 코모 호수 → 볼차노(4일) → 코르티나 담페초 → 베네치아(2일) → 베로나 → 시르미오네 → 친퀘 테레 → 밀라노

3주

로마에서 이탈리아 알프스까지

로마 → 바티칸 시국 → 사투루리아&치비타 디 빈뇨레조 → 티볼리&오르비에토 → 아시시&몬테풀치아노 → 피엔차&몬탈치노 → 시에나 → 산 지미냐노 → 피렌체(2일) → 친퀘 테레 → 제노바 → 코모 호수 → 볼차노&돌로미티(4일) → 베네치아(2일) → 베로나 → 밀라노

이탈리아 고속도로

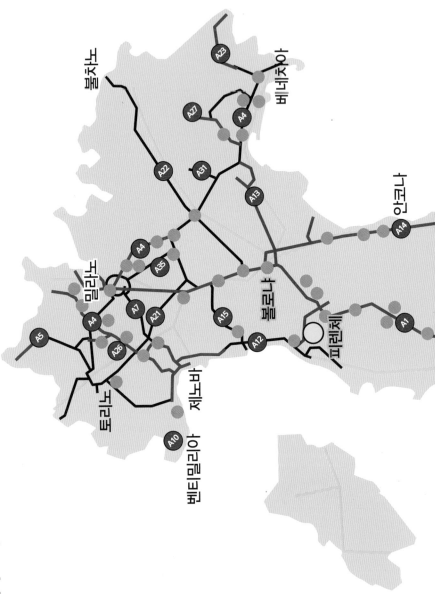

볼차노

베네치아

A23

A27

A4

안코나

A31

A22

A13

A14

밀라노

A4

A35

볼로냐

A1

A7

A21

A5

A4

A15

A12

피렌체

A26

제노바

토리노

A10

벤티밀리아

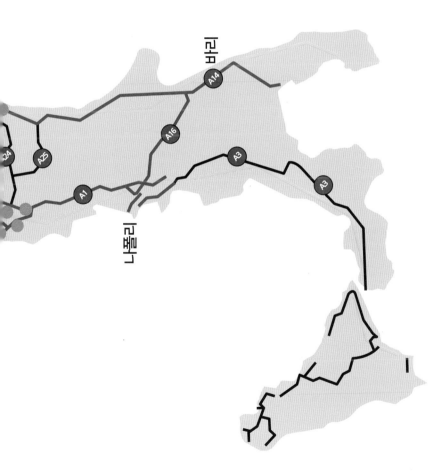

몰리세

나폴리

ITALY, Roma

이탈리아 로마

로마의 통치방식

'로마는 하루아침에 이루어지지 않았다'라는 말을 한번쯤은 들어봤을 것이다. 이것은 큰일은 짧은 시간에 이루어지는 것이 아니다. 라는 뜻의 속담으로 사용되고 있다.
로마는 이탈리아 중부의 작은 도시에서 출발한 로마가 소아시아, 유럽, 아프리카에 걸친 대제국으로 성장하기까지 오랜 시간이 걸렸다.

로마에 가면 로마법을 따르라.

로마에는 여러 인종과 민족이 함께 살면서 다양한 인종들을 다스리기 위해 통치수단이 필요했다. 로마는 인간의 도덕이나 행동을 바로잡는 역할을 법에서 찾았다. 법은 상당히 로마인들을 통합적으로 다스리는 데에 효력을 발휘하였다. 공화정 시대에 로마의 법은 평민의 권리를 키우는 일과 맞물려 발전했다. 로마 공화정 초기에 귀족이 나라의 중요한 자리를 모두 차지했으나 정복 전쟁이 계속되면서 보병을 구성하는 평민들의 중요성이 커졌다. 평민들은 전쟁터에 나가서 싸우는 대가로 정치에 참여할 수 있는 권리를 요구하면서 법이 조금씩 바뀌기 시작했다.

기원전 450년, 외적이 로마 가까이 다가오고 있을 때, 평민들은 평민의 권리를 지켜주는 내용을 법률로 만들 것을 요구하며, 전쟁에 나가기를 거부했다. 다급해진 귀족들은 평민의 요구를 받아들여서 12표 법을 만들었다. 12표 법은 아직 귀족과 평민의 결혼을 금지하고, 빚을 갚지 못한 이는 노예로 만든다는 불리한 내용이 있었다. 이후에도 평민들의 요구는 늘어났고 귀족과 평민의 갈등은 심해졌다. 갈등이 심해지는 시기에 켈트족이 침입하면서 로마는 전쟁에서 패하였다.

귀족과 평민 사이의 대립을 끝내기 위해 개혁을 시도하며 만들어진 법이 리키니우스 젝스 티우스 법이었다. 집정관 중 한 명은 반드시 평민에서 뽑고, 로마 시민이면 누구나 관직에 오를 수 있는 자격이 법으로 보장되었으며, 몇 년 뒤에는 주요 공직에 오른 경험이 있는 평 민은 원로원 의원이 될 수 있는 사항까지 법에 명시되었다. 기원전 287년에 원로원의 허가 없이도 평민회 결의가 법적 효력을 갖게 된다는 호르텐시우스법이 만들어지면서 귀족과 평민의 법적 차별은 사라졌다.

평민의 권리확대는 로마인들을 하나로 뭉치게 했고, 로마는 영토를 확대하는 정복 전쟁에 서 승리하면 세계 제국으로 성장해갔다. 제정 시대에 들어와서도 다양한 문화를 가진 많은 민족들을 다스리는 데 12표 법을 수정해 이탈리아 반도 내의 시민들에게 적용하였고 로마 가 영토가 확대된 이후에는 각 지역의 관습법을 받아들여 모든 주민에게 적용한 만민법으 로 발전하면서 "로마에 가면 로마법을 따르라"라는 문구가 생겨났다.

로마의 젖줄, 도로와 상하수도

로마는 큰 제국을 다스리려면 튼튼하고 넓은 도로가 필요했다. 그래야 더욱 신속하게 소식을 전하고, 정복 전쟁을 위한 많은 군대가 빠르게 이동할 수 있었다. 로마인들은 약4m 너비에 1m 깊이로 땅을 파서 큰 돌을 가지런히 놓아 바닥을 평탄하게 만들고 그 위에 잘게 부순 돌을 깔았다. 다시 자갈로 덮고 화산재로 틈새를 다지고 맨 위에 크고 작은 블록을 빈 틈없이 맞추는 도로를 만드는 기술이 뛰어났다.

거리가 1,400m마다 돌기둥을 세워 위치와 각종 정보를 새기는 '마일비'를 세웠다. 일정한 거리마다 여관, 식당, 말 교환소 등을 두어 편리하게 여행할 수 있도록 하는 도로가 로마 제국의 구석구석까지 뻗어 있었다. 로마의 도로는 군대의 신속한 이동을 돕는 군용도로, 사람과 세금, 상품의 이동을 활발하게 하는 경제 도로이자, 넓은 로마 제국을 다스리는 데 꼭 필요한 정보와 명령을 신속하게 전달할 수 있도록 행정 도로였다. 더 나아가 로마 제국의 지배를 받는 사람으로 하여금 로마의 지배를 깨닫게 해 주는 정치 도로였다.

로마인들은 도로뿐 아니라 물이 다니는 길, 즉 수로를 만드는 데에도 탁월했다. 로마인들

은 거대한 수로를 만들어 800㎞ 넘게 떨어진 곳에서도 물을 끌어왔다. 로마인들이 수로를 만든 이유는 자연에만 의존하지 않고 안정적으로 깨끗한 물을 이용하려고 했기 때문이다. 수로를 만들 때에는 먼저 맑은 호수에 여러 개의 관을 연결했다. 그러면 돌로 만든 관을 타고 물이 로마 시내까지 흘러들어왔다.

지하 수로인 경우에는 갱도를 파고, 지상 수로인 경우에는 다리를 놓아 관을 연결했다. 완만한 경사를 이룬 수로를 따라 물이 자연스럽게 흘러갈 수 있었다. 로마 시내까지 흘러온 물은 저장해 두기보다 계속 흐르게 해서 맑은 상태를 유지하도록 했다.

수로에서 공급된 물은 마시고, 씻고, 하수를 처리하는 데에 사용했다. 오늘날에도 로마 시내에 있는 많은 분수들이 2천 년 전에 로마 사람들이 만든 수로를 통해 흘러드는 물을 이용하고 있다.

로마의 뛰어난 건축 기술

건축에서도 로마인들은 뛰어난 재주를 가지고 있었다. 여러 도시에 신전, 원형 경기장, 목욕탕, 개선문 같은 거대한 건축물을 남겼다. 신전 가운데 유명한 것으로는 판테온이 있다. 콘크리트로 만든 돔은 무게가 5,000톤, 돔 안쪽의 지름과 천장까지의 높이가 똑같이 43.3m에 달한다. 이처럼 거대한 돔 내부에는 지지대가 하나도 없고, 6미터 두께의 벽들이 받치고 있다. 이는 고대 건축물 가운데 최대 규모이다.

이와 같은 거대한 건축물을 만들 수 있었던 비결은 아치형 구조에 있다. 무지개나 활처럼 한가운데를 높게 하여 곡선 모양으로 만든 건축물을 '아치'라고 한다. 아치형 구조를 사용하면서 기둥과 기둥 사이를 넓힐 수 있었고, 큰 건물을 지을 수 있게 되었다. 돔을 이용해 기둥 없는 넓은 공간을 만들 수 있어 건물은 웅장한 모습을 보였다.

'신들이 사는 집' 이라는 뜻의 판테온은 원래 로마의 신들에게 바쳐진 신전이었으나 4세기 말에 크리스트교의 교회로 비뀌었다. 로마를 대표하는 건축물에는 콜로세움으로 대표되는 원형 경기장이 있다.

전쟁을 자주 치르던 로마 사람들은 문학이나 연극보다는 경기에 더 열광했다. 콜로세움은 하얀 대리석과 황금을 장식한 거대한 원형 극장으로 로마 황제들을 위한 검투 경기장으로 지어졌다. 높이가 4층 아파트와 비슷한 콜로세움은 입구의 수만 해도 80개가 넘었다.

콜로세움은 5~6만 명의 관중을 수용할 수 있었으며 관람석에는 여닫을 수 있는 거대한 장막이 설치되어 있어서 비가와도 걱정이 없었다. 어느 방향에서나 관중이 검투사의 경기를 잘 볼 수 있도록 관람석은 원형으로 만들어졌고, 지하에는 야수들을 가두는 철창이 설치되어 있었다. 검투사 간의 결투, 야수 간의 결투, 야수와 사람 간의 격투 등, 로마인들은 치열한 대결에 열광했다. 80년경에 콜로세움의 개장식을 성대하게 열면서 황제는 무려 100일에 걸쳐 1만 명이 넘는 검투사와 야수가 혈투를 벌여 9천명에 달하는 검투사가 목숨을 잃기도 했다.

판테온

이탈리아 르네상스의 후원자, 메디치 가문

이탈리아 르네상스를 일으킨 도시 피렌체는 원래 '꽃의 도시'라는 뜻이다. 그 이름에 걸맞게 위대한 학자들과 예술가들이 피렌체를 빛냈다. 하지만 그들의 재능을 알아보고 후원한 사람들이 없었다면 르네상스도 없었을 것이다. 이탈리아 정원에 핀 피렌체라는 꽃을 아름답게 가꾼 정원사는 바로 메디치 가문이었다. 메디치 가문이 르네상스를 일으키는 데에 어떤 역할을 했는지 알아보자.

피렌체의 지배자, 메디치 가문

상업과 직물업 등으로 큰돈을 번 메디치 가문은 막대한 경제력을 바탕으로 15세기에는 피렌체를 다스리는 집안이 되었다. 15~18세기까지 피렌체의 정계에 진출하여 막강한 영향력을 행사했고, 르네상스 예술의 대표적인 후원자였으며, 3명의 교황과 2명의 프랑스 왕비를 배출하는 등 유럽 역사의 한 페이지에 기록된 귀족 가문으로 알려져 있다.

로렌초 데 메디치는 보티첼리의 유명한 역작인 비너스의 탄생을 후원하였으며, 코시모 데 메디치는 필리포 브루넬레스키를 후원하여 피렌체 대성당의 돔을 디자인하게 하였다.

르네상스의 후원자, 메디치 가문

1434년부터 실권을 자고 피렌체를 다스리게 된 메디치 가문은 경제력만으로는 선진국이 될 수 없다는 것을 알고, 피렌체를 문화 대국으로 만들기 위해 온 힘을 기울였다. 그래서 유럽에서 가장 큰 도서관과 그리스 철학을 연구하는 플라폰 아카데미를 세우고 예술가들을 도와 작품을 만들게 했다. 이 가운데 가장 유명한 사람이 미켈로초와 브루넬레스코, 도나텔로, 미켈란젤로였다.

미켈로초가 완성한 메디치 궁전

원래 경쟁자였던 메디치 가문을 누르기 위해 피키 가문이 짓기 시작한 궁전이다. 그런데 피티 가문이 파산하자 메디치 가문의 코시모 데 메디치가 이를 사들인 다음, 건축가 미켈로초를 시켜 완공했다.

큰 사무실과 호화로운 연회실, 프레스코 벽화와 대리석으로 치장된 예배당 등으로 이루어진 웅장한 궁전이다.

브루넬레스키가 지은 피렌체 대성당

피렌체를 멀리서 바라보면, 둥그런 지붕이 마치 풍선처럼 사뿐히 얹혀 있는 대성당이 눈에 띈다. 이 돔 양식의 대성당은 이탈리아 말로 '꽃의 성모'라고 불린다. 오늘날의 기술로도 그렇게 짓기가 어렵다니 당시 이탈리아 건축가들의 실력이 얼마나 뛰어났는지 알 수 있다.

도나텔로의 다윗 상

도나텔로는 코시모가 특히 아낀 예술가였다. 까다로운 도나텔로가 고객과 자주 다투자 코시모는 도나텔로가 창작에만 전념할 수 있도록 피렌체 교회에 있는 농장을 물려주었다. 도나텔로 또한 1466년에 세상을 떠나면서 코시모 옆에 묻어 달라고 부탁했다.

코시모 데 메디치

코시모는 막대한 부와 민중의 인기
를 등에 업고 '정의의 기수'라는 직
에 올라 피렌체를 다스렸다. 겉으로
는 공화정을 하겠다고 했지만, 실제
로는 독재 정치를 폈다. 코시모는 부
자였음에도 늘 검소한 농부 옷을 입
고 다녔다.

로렌초 데 메디치

코시모의 손자인 로렌초는 피렌체
르네상스를 대표하는 인물이다. 그
는 강대국 사이에서 절묘한 세력 균
형의 정치와 열정적인 문예 보호를
통해 피렌체를 영광을 빛냈다고 하
여 '위대한 자(일 마니피코)'라는 별
명을 얻었다.
어린 미켈란젤로의 재능을 알아본
것도 바로 '로렌초'였다.

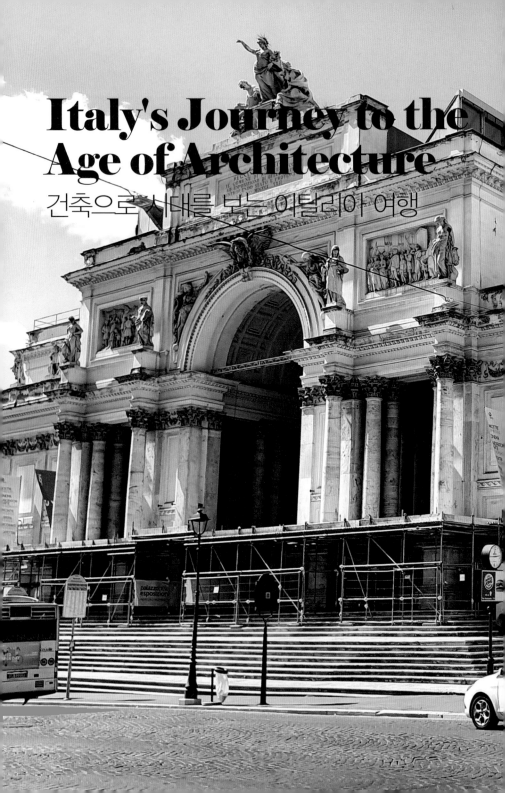

Italy's Journey to the Age of Architecture

건축으로 시대를 보는 이탈리아 여행

이탈리아 여행은 대부분 수도인 로마에서 시작한다. 그런데 볼 건축물이 너무 많아서 그저 사진만 찍는 여행이 되기 쉽다. 건축으로 시대를 구분하면서 볼 필요가 있다. 이탈리아에는 제국이었던 로마가 오랫동안 자리하고 있었기 때문에 기원전 건축물이나 유적들이 상당히 많다.

Tip 시대를 보아야 하는 이유

이탈리아는 서로마가 멸망하고 중세에 유럽 전역에 기독교 문화를 전파하는 동안 중세 건축 양식이 만들어지기도 했다. 르네상스의 시작이었던 토스카나 지방의 피렌체를 중심으로 건축을 보면서 여행하게 된다. 이탈리아가 쇠퇴하던 시기에 로마에 바로크 양식이 나타나고 통일 이탈리아를 향한 민족주의시기에 이탈리아 건축을 구분하면서 보아야 여행이 즐거워질 수 있다.

로마 제국(Roman Empire / ~4세기 까지)

로마의 제국 시대에 로마는 다른 제국과 다르게 시민들을 위한 건축물과 생활을 윤택하게 하는 수로교가 있었고 시민들에게 즐거움을 주기 위해 콜로세움을 만들었다. 그러므로 시민에게 나누어주기 위해 정복 전쟁을 지속할 수밖에 없었다.

황제들은 자신들이 얼마나 뛰어난지 알리는 방법으로 전쟁을 해 얻은 것들을 시민들에게 나누어 주었다. 또한 이때 개선문이나 돔 형태의 디자인으로 천사의 디자인이라고 불린 판테온을 탄생시켰다.

비잔틴 양식(Byzantine / 5~14세기)

서로마가 멸망하고 나서 이탈리아 반도는 분열된 상태로 도시들이 성장하던 시기였다. 당시에는 동로마인 비잔틴 제국으로 남아서 제국을 유지하고 있었기 때문에 비잔틴 제국의 영향을 받지 않을 수 없었다.

로마네스크 양식(Romanesque / 8~13세기)

서로마가 멸망하면서 바티칸은 홀로 침입을 대비할 수 없었다. 그들은 로마의 영광에 기대었던 프랑크 왕국을 비롯한 왕실에 로마제국의 후예임을 인정하고 유럽에 기독교 전파를 하면서 중세를 호령했다. 10세기부터는 로마의 흔적을 보여주는 건축물이 탄생하게 된다. 침입에 대비하기 위해 건물의 정면은 두껍고 으리으리하게 창문은 작게 만드는 로마네스크 양식을 볼 수 있다.

고딕 양식(Gothic / 12~16세기)

십자군 원정이 시작된 14세기는 중세의 교황은 무소불위의 힘을 가진 시대였다. 이때는 하늘에 있는 하나님에게 닿고자 하는 인간의 열망을 현실화시키려고 하였다. 높은 첨탑과 대리석으로 화려하게 장식하고 뾰족한 모양의 아치와 스테인드글라스로 화려하게 내부에 그림을 그려 기독교 문화를 전파하였다.

르네상스 양식(Renaissance / 14~16세기)

르네상스는 십자군 원정 이후 약화된 교황의 힘은 많은 문제를 노출하면서 사람들은 새로운 세상이 있음을 알게 되었다. 특히 비잔틴 제국이 이슬람 세력에게 무너지면서 비잔틴 제국의 발전된 문화와 건축 등은 이탈리아에 직접적으로 변화하는 힘을 주었다. 이렇게 딘생한 르네상스 시대는 '이성, 로마의 회귀, 규칙'이라는 특징으로 건축물에 영향을 주었다. 특히 비잔틴 양식의 대표적인 돔 형태가 르네상스에 나타나게 된다.

바로크 양식(baroque / 17~19세기)

르네상스 시기가 지나고 지중해 무역이 오스만 투르크 제국에게 막히면서 이탈리아의 르네상스는 급격하게 쇠락한다. 대항해 시대가 시작되면서 서유럽의 각 나라들이 힘을 기르면서 이탈리아의 각 도시들은 그들에게 정복당하는 상황에 이른다.

그들은 이성에 따르는 르네상스에 대항해 뒤틀리고 파도가 보여주는 불안정성을 건축에 보여준다. 정복은 당했지만 아직까지 건축이나 문화의 중심은 이탈리아라는 자신들의 힘을 파도로 형상화했다.

Orvieto

오르비에토

이탈리아의 수도인 로마를 가로지르는 테베레Tevere 강을 거슬러 올라가면 움브리아Umbria 지방이 나온다. 이탈리아 반도의 중간에 위치한 이 지역은 주도가 페루자Perugia를 비롯해 아시시와 인구 2만 명의 작은 도시인 오르비에토Orvieto가 있다.

오르비에토Orvieto는 고도 195m의 바위산 위에 있는데 900년 역사를 가진 성벽이 도시를 에워싸고 있어 천혜의 요새 도시로 별칭은 '하늘도시'이다. 기원전 에트루리아인들이 거주했던 지역으로 이탈리아에서 가장 오래된 고대 에트루리아인들의 12개 도시 중 하나이다. 로마에서 북서쪽으로 100㎞ 정도 떨어져 있는데 기차나 자동차로 1시간 정도 소요된다.

슬로우 시티

이탈리아에서 가장 오래된 역사를 가진 도시가 바로 언덕 위 작은 마을인 오르비에토 Orvieto이다. 중세도시의 옛 모습을 간직하고 있는 오르비에토Orvieto는 느림의 미학이 느껴지는 슬로우 시티 운동이 시작된 곳이다. 언덕 위의 작은 마을인 오르비에토에 여행자들의 발길이 끊임없이 이어지는 이유이다.

걷기 도시

3,000년 전 사람들이 살았던 지하 도시와 500년 된 지하 우물이 더 매력적으로 만들어주는 도시인 오르비에토Orvieto는 바쁜 일상생활에 지쳤다면 멈춰버린 시간 속에서 여유로운 하루를 보내면서 여유를 가져보자. 시간이 멈춰버린 도시의 모습을 간직하고 있어서 소박하지만 초라하지는 않은 작은 도시이다. 도시 전체기 지이내는 분위기기 은은한 멋을 풍기는 오르비에토는 걷기만 해도 행복해진다.

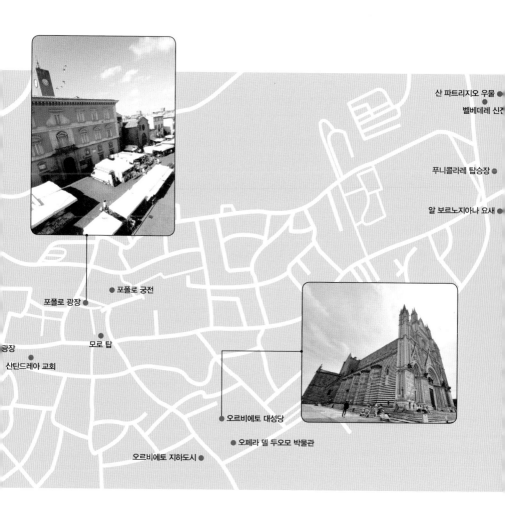

산 파트리지오 우물 ●

벨베데레 신전 ●

푸니콜라레 탑승장 ●

알 보르노지아나 요새 ●

● 포폴로 궁전

포폴로 광장 ●

모로 탑 ●

광장

산탄드레아 교회

● 오르비에토 대성당

● 오페라 델 두오모 박물관

오르비에토 지하도시 ●

두오모
Duomo

작고 소박한 도시 오르비에토Orvieto에 홀로 웅장하게 서 있는 두오모Duomo는 1290년부터 300여 년에 걸쳐 공사가 진행되었다. 오랜 세월이 걸린 만큼 로마네스크 양식과 고딕양식이 공존된 독특한 두오모Duomo이다.

조용한 도시에 웅장하고 화려하게 서있는 성당은 검은 현무암과 하얀 석회암으로 독특한 줄무늬는 시에나의 두오모Duomo와 비슷한 느낌이다. 전면에 찬란한 금빛 모자이크와 로렌초 마이타니의 손길을 거친 섬세한 조각으로 장식되어 있다. 예수의 수의가 보관되어 있는 두오모Duomo 성당과 그 앞의 넓은 광장이 인상적이다.

성당 내부에는 기적의 성포와 프라 안젤리코, 루카시뇨젤리의 프레스코화가 있다. 내부의 조각들은 실제로 보면 웅장하면서도 멋지고 아름다운 느낌은 사진으로는 느낄 수 없다.

///

주소_ Piazza del Duomo, 26, 05018
시간_ 4~9월, 7시 30분~19시 30분 / 3, 10월, 18시 30분까지 / 11~2월 13시까지)
요금_ 예배당 8€

두오모는 무슨 뜻이 있어요?

두오모란 '신의 집'을 의미하는데, 로마 이외의 지방에서는 주교가 상주하는 마을의 대표 성당을 뜻한다.

지하도시
Parco delle Grotte

기원전 1세기 전부터 정착한 에투루리아 인들이 만든 비밀 공간으로 피난을 가지 못한 사람들이 살기 위해 만들었다. 오르 비에토에는 많은 지하 도시로 들어가 피 난을 할 수 있는 통로가 있었다. 그 공간 의 일부를 공개해 투어를 진행하고 있다.

주소_ Piazza del Duomo 23
시간_ 11, 12, 16, 17시 투어 진행

104

산 파트라지오 우물
Pozzo di San Patrizio

1527년 교황 클레멘스 7세의 명에 의해 만들어진 깊이 62m, 지름 13m의 우물은 단순한 우물이 아니다.

72개의 창문이 햇빛을 받을 수 있어 낮에는 생활이 가능했다. 내려가는 계단과 올라가는 계단이 만나지 않아 비밀이 보장된다. 나귀는 물을 싣고 내려가고 올라가면 물을 사용할 수 있도록 설계되었다.

주소_ Piazza Cahen, 58
시간_ 5~8월은 9~19시 45분 / 3, 4, 9, 10월은 18시
　　　45분까지 / 11~2월 10~16시 45분까지)
요금_ 8€

ASSISI

아시시

이탈리아 중부의 수비시오 산 위에 위치한 약 3만 명 정도의 작은 도시. 아시시는 로마에서 당일치기 여행지로 인기가 많다. 성 프란체스코가 태어난 도시라 해마다 100만 명에 달하는 순례자와 관광객이 찾아온다. 복잡한 골목과 꽃으로 장식된 발코니가 인상적이다. 돌을 이용해 만든 성벽과 거리, 집들은 중세의 분위기를 그대로 간직하고 있다. 13세기에는 위대한 예술가들이 몰려들어 예술적 영감을 불태웠으며 그 흔적들이 성 프란체스코 성당에 고스란히 남아 있다.

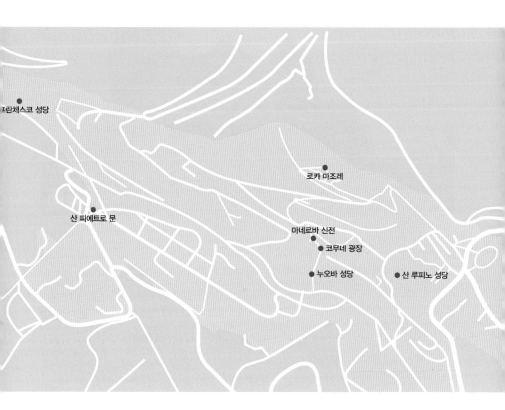

한눈에 아시시 파악하기

아시시는 천천히 걸어 다녀도 하루면 충분히 볼 수 있다. 시내에 도착하면 먼저 아시시 최고의 관광지인 성 프란체스코 성당을 보면서 여행이 시작된다. 세계적인 명성을 얻고 있는 싱딩울 보면 아시시에서 기장 중요한 것을 본 것과 다름없을 정도이다. 그 다음은 중세풍의 좁은 골목들을 천천히 걸어 미네르바 신전이 있는 코무네 광장Piazza del Comune을 보고 로카 마조레Rocca Maggiore에 올라 도시의 전망을 볼 수 있다.

성 프란체스코 성당
Basilica di S. Francesco

아시시에서 가장 웅장한 건축물일 것이다. 프란체스코 수도회의 총본산으로 성녀 카타리나와 함께 이탈리아의 수호성인으로 꼽히는 성 프란체스코를 기리기위해 만든 성당이다. 이탈리아 고딕 예술의 전형을 보여주는 이 성당은 건축, 회화, 종교 등 모든 면에서 세계적인 명성을얻고 있다. 13세기에 완성된 후 14세기에장식이 추가되었고 외관은 거의 그대로보존되고 있다.

경사를 이용해 상하 2층으로 지었으며 성당의 벽면은 중세 말기의 유명한 화가들의 작품으로 채색되어 있다. 이중에 상층치마부에 있는 그리스도 책형도, 조토 디본도네의 성 프란체스코 이야기, 하층 성당의 성모자, 천사, 성 프란체스코를 비롯해 마르티니, 로렌체티 등의 작품은 모두뛰어난 걸작으로 꼽힌다.

성당 내부에는 성 프란체스코가 입던 옷과 유품이 전시되어 있고 지하에는 1818년에 발견된 그의 유해가 안치되어 있다.성당은 1997년 발생한 지진으로 큰 피해를 보았으나 다행히 내부의 벽화는 온전히 보존되었다.

코무네 광장
Piazza dei Comune

마을 한복판에 위치한 이 광장은 포로 로마노와 기원전 1세기에 세워진 미네르바 신전이 있던 곳이다. 광장 중앙에는 18세기에 만들어진 분수가 있고, 정면에 미네르바 신전과 코무네 탑이 비교적 양호한 상태로 보존되어 있다.

괴테는 그의 이탈리아 여행에서 미네르바 신전을 보고 어디에서 봐도 아름다운 성당이라고 감탄했다고 전해진다.

신전 바로 왼쪽에 있는 높이 45cm의 코무네 탑은 1305년에 완성된 것으로 탑 꼭대기에는 1926년에 이탈리아 자치도시들에 의해 바쳐진 4,000kg 무게의 '찬미의 종'이 매달려 있다. 코무네 광장은 고대 포로 로마노 지역을 차지하고 있으며 지금도 시민들의 생활이 이루어지고 있다.

산타 키아라 대성당
Basilica di Santa Chiara

성 프란체스코의 사상에 매료되어 사도
가 된 성녀 키아라에게 바쳐진 성당으로
1193년, 아시시의 귀족가문에서 태어난
그녀는 10대에 성 프란체스코의 삶의 방
식을 접한 후 그와 같은 인생을 걷기로
결심하였다.

1257~1265년까지 완성된 성당은 이탈리
아 고딕 양식으로 성 프란체스코 성당을
모방한 것이다. 성당 내부는 소박하면서
도 엄숙한 분위기를 자아낸다.

내부에는 성 프란체스코가 말한 '성 다미
아노의 십자가'와 성녀 키아라으 의복과
금발머리가 보존되어 있다. 천장에는 아
름다운 프레스코화가 그려져 있고 지하
에 그녀의 유해가 안치되어 있다.

로카 마조레
Rocca Maggiore

마을의 북동쪽 아시시를 내려다보는 언덕의 꼭대기에 있다. 14세기에 만들어진 이 성채는 다각형의 탑과 출입구 근처에 있는 원통 모양의 작은 탑을 추가로 건립하면서 15~16세기에 확장되었다.

한때 감옥으로도 사영되었었다. 성채의 망루에서는 아시시의 시내 모습뿐만 아니라 다소 삭막해 보이는 움부리아 지방의 전원 풍경이 한 눈에 펼쳐진다.

산타 마리아 델리 안젤리 성당
Basilica di Santa Maria degli Angeli

아시시 시내에서 5km 떨어진 성 프란체스코와 그의 제자들이 처음으로 교회를 지었던 장소로 현재의 성당은 16세기 갈레아조 알레시|Galeazzo Alessi가 설계한 것이다. 당당한 규모르를 자랑하는 고전적인 모습의 성당은 먼 곳에서도 볼 수 있는 우아란 쿠폴라가 인상적이다.

성당 내부는 3개의 본체와 성화와 프레스코화로 장식된 12개의 부속 예배당이 있다. 성 프란체스코는 1226년에 이곳에서 숨졌다고 전해진다.

Toscana

토스카나

Toscana

토스카나

이탈리아의 가장 상징적인 지방인 토스카나는 훌륭한 르네상스 미술과 목가적인 전원 풍경을 만날 수 있는 곳이다. 유서 깊은 마을, 아름다운 예술, 비옥한 올리브 과수원과 포도원 등으로 구성된 토스카나는 우리가 상상하는 이탈리아의 모습을 볼 수 있다. 르네상스 시대에 혁신의 중심지였으며 토스카나 출신의 화가, 건축가, 조각가들은 새로운 유럽 문화를 정립시켜놓았다.

신선한 재료를 이용한 요리와 함께 와이너리도 구경하고 세계 최고의 명성을 자랑하는 와인을 같이 맛보면 환상에 젖을 수 있다. 중세 시대의 마을의 광장에 앉아 지나가는 사람들을 구경하고 예술 작품처럼 아름다운 건축물과 함께 늦은 밤까지 추억을 남길 수 있는 하루를 지내보자. 행복한 하루에 감사할 것이다.

전 세계 관광객들은 수백 년 동안 피렌체로 모여들었고 앞으로도 모여들 것이다. 활기찬 분위기에 압도적인 건축물은 700여 년 전 르네상스시대의 매력을 상당 부분 그대로 간직하고 있다. 해질 무렵, 아르노 강을 따라 거닐면서 베끼오 다리로 오면 우피치 미술관에서 우리는 전 세계에서 가장 중요한 르네상스 예술을 만나게 되는 행운을 가질 수 있다.

전 세계에서 피사의 사탑만큼 독특한 건물은 거의 없을 것이다. 12세기에 지어진 피사의 사탑이 관광객의 관심을 받지만, 피사이 사탑 옆에 성당 단지의 다른 건물도 충분히 구경할 가치가 있다. 근처의 두오모, 바피스테리, 납골당 캄포산토 등은 피사의 고딕 양식으로 설계뇌었다.

산 지미냐노는 토스카나의 많은 언덕 마을 중에서 가장 유명한 곳이다. 특히 12~13세기에 귀족들이 경쟁적으로 지은 중세 시대의 고층 건물이 10개 이상이다. 대성당, 키에사 디 산 타고스티노 등의 유서 깊은 건물에서 아름다운 프레스코화도 감상하고, 와인 시음장에서 유명한 백포도를 맛보는 것을 추천한다.

토스카나에 오면 야채와 콩, 빵을 넣어 만든 스프 리보리따와 간단하지만 정말 맛있는 피렌체 전통 티본 스테이크인 비스떼까 알라 피오렌티나를 추천한다. 4~5월의 봄이나 9~10월의 가을은 토스카나를 방문하기에 가장 좋은 때이다.

누텔라 이야기

안녕하세요. 전 세계인의 아침식탁 단골메뉴인 누텔라 초콜릿 잼이 이탈리아의 브랜드인 것을 알고 계시나요? '누텔라'는 1년에 팔리는 총량을 합치면 만리장성을 8번을 돌고도 남을 정도로 어마어마한 사랑을 받고 있는 식품입니다. 특히 친근한 브랜드 이미지의 초콜릿 잼이지만 사실 이탈리아의 무거운 역사적 시기에 탄생의 기원을 두고 있는데요. 무려 초콜릿잼 주제에 '나폴레옹'과 '무솔리니'라는 세계사 교과서의 어마어마한 인물들에게서 연관되어 탄생하게 되었습니다.

먼저 1804년 당시 나폴레옹은 영국과 전쟁 중에 있었고, 이에 따라 영국은 영국뿐만이 아닌 당시 영국 우호국 모두에게 프랑스로의 카카오 등 다양한 물품의 수출을 전면적으로 금지시키게 합니다. 현재 북부 이탈리아 지방인 피에몬테 지방은 그 당시 프랑스에 속해 있었기에 함께 프랑스와 마찬가지로 카카오 수급이 어렵게 됩니다.
이에 피에몬테 지방의 도시 토리노의 조콜릿 장인은 '아 이대로 카카오 수급이 안 되서 초콜릿을 못 만들어 팔면 망하겠구나..'싶어서 열심히 메뉴 개발을 하기 시작했습니다. 그래서 개발한 것이 누텔라의 조상님이라 할 수 있는 '잔두야'입니다. 초콜릿 안에 카카오의 비율을 확 줄이고 토리노에서 수급이 가능한 헤이즐넛으로 대체해서 만든 새로운 형태의 디저트였고, 이 지방에서 큰 히트를 쳐서 유명해지게 됩니다.

그 이후로도 제 2차 세계대전 시기에 무솔리니는 에티오피아에서 UN에서 금지한 화학가스 무기를 사용하게 되고, UN은 이러한 이탈리아에 전면적인 수출과 수입의 일체 무역 행

위를 금지령을 내리게 됩니다. 그래서 이탈리아는 당시 전쟁에서 한편이었던 독일, 일본, 미국과의 교역만 가능하게 되었습니다.

먼저 이 당시의 상황을 간단히 설명 드릴께요. 제재에도 불구하고 무솔리니는 이탈리아만의 자주적인 음식 독립을 주장하며 되도록 이탈리아에서 직접 재배하고 수급하도록 사람들을 독려하고, 수입되는 음식재료들에는 엄청난 세금을 부과하였습니다. 그래서 러시아와 남부 아메리카에서의 수입 대신 밀의 자주적인 공급을 위해서 급기야 밀라노 두오모 광장에도 로마 콜로세움 주변의 부지가 있는 모든 곳에 밀을 재배하는 장관이 펼쳐지기도 하였습니다. 다음 비디오를 보시면 밀라노의 패션거리에도 때 아닌 밀밭이 펼쳐져 있는 것을 볼 수 있습니다.
이 무솔리니시기에 이탈리아 제빵사 페레로로쉬 초콜릿으로 유명한 페레로가 나폴레옹 시기의 잔두야를 더욱더 카카오 비율을 줄이고 헤이즐넛 비율을 향상시켜서 발라먹을 수 있는 잼의 형태로 개발해서 현재의 누텔라가 개발되었습니다.

이 당시의 시기에 가죽 공급이 현저히 적어져서 명품 브랜드인 구찌는 지속적인 판매라인 구축을 위해서 가죽가방이 아닌 '캔버스백'을 내놓게 되어 현재까지 흥행을 일으키게 되었고, 또한 커피원두 또한 수급이 불가능 했기에 우리나라에서 정부가 쌀값의 심한 가격 상향을 조절하듯이 이탈리아 정부는 커피를 우리나라의 쌀처럼 필수식품으로 분리될 정도로 커피를 사랑하는 이탈리아인들은 자주적으로 커피맛을 만들기 위해 보리를 이용해서 보리커피를 개발하기도 하였습니다. 게다가 석유의 수입도 힘들게 되니 무려 석탄을 넣어서 움직이는 차를 개발하기도 하였죠. 그러므로 달콤한 초콜릿 잼 누텔라는 이런 역사적으로 어려운 제재의 상황들 끝에 전 세계인의 식탁에 올라오게 되었습니다.

ITALY, Renaissance
이탈리아 르네상스

14세기 중반이후부터 유럽사회의 봉건제도가 흔들리고 로마 가톨릭 교황의 권위가 십자군 전쟁 때문에 약화되기 시작했다. 교회중심의 중세 문화도 쇠퇴하면서 새로운 근대 문화가 싹트기 시작했다.

변화의 움직임은 십자군 전쟁 때도 피해를 당하지 않고 새로운 지중해 무역을 장악할 수 있었던 이탈리아에서 르네상스로 시작되었다. 르네상스는 서유럽사회로 넘어가면서 종교개혁으로 나타났다. 르네상스와 종교 개혁은 유럽에서 근대 사회의 시작을 알리는 사건이었다.

인간으로 돌아간다.

유럽에서 봉건 사회가 무너지고 교회의 권위가 떨어지는 시기에 유럽인들은 신 중심적인 중세와는 다른 새로운 문화와 가치관을 찾아야 했다. 유럽인들은 인간의 가치관을 알려 주는 통로 역할을 한 것은 비잔티움 제국에서 알게 된 고대 그리스와 로마의 문화였다. 앞서 있는 비잔티움 제국의 문화는 유럽인들에게 인간과 자연에 대한 새로운 개념이었다.

르네상스의 시작 이탈리아

14세기~16세기까지 십자군 전쟁이후 유럽에서 봉건제가 흔들리고 교회의 영향력이 약해졌고 비잔티움 제국을 본 유럽인들은 고대 그리스와 로마의 고전 문화에 대한 관심이 크게 일어났다. 이를 바탕으로 다시 살아난다는 뜻을 가진 '르네상스'가 탄생했다. 그리스 르네상스의 시작은 12~13세기 지중해 무역의 권한을 가지면서 경제적으로 윤택해진 이탈리아에서 시작되었다.

15세기에 이탈리아의 베네치아와 피렌체 같은 주요 도시 국가들은 유럽의 은행 역할까지 담당할 정도로 금융업이 발달했다. 이탈리아 도시 국가들의 번영은 무역의 중심이 지중해에서 대항해 시대로 무역의 중심이 대서양으로 옮겨간 15세기 말까지 계속되었다. 이탈리아 상인들은 상업과 무역을 통해 엄청난 부를 축적했고, 이를 바탕으로 도시 국가 안에서 정치, 사회, 문화의 중심세력으로 성장했다. 이탈리아의 르네상스는 엄청난 부를 가진 경제력으로 탄생했다. 지중해 무역이 15세기말부터 이슬람으로 넘어간 뒤로 이탈리아의 르네상스는 지속되지 못했다.

르네상스가 탄생한 이유

이탈리아는 고대 로마 제국의 터전이었기 때문에 고대 문화의 유산이 그대로 남아있었고 비잔티움 제국이 멸망한 후로는 비잔티움의 학자들이 이탈리아로 옮겨오면서 그리스와 로마의 중요 서적과 문화를 받아들였기 때문에 이탈리아에서 르네상스가 탄생할 수 있었다.

이탈리아는 경제적 번영을 바탕으로 14세기 이후에 문화에 대한 후원이 크게 늘어났고 각 도시 국가들은 경쟁적으로 화려한 공공 건축물을 짓기 위해 예술가들을 후원하고 로마 교황들도 당대의 최고 예술가들을 불러 문화와 예술을 발전시킬 수 있었다. 무역으로 막대한 부를 모은 도시의 상업 귀족들과 상인들도 학자와 예술가들과 교류하는 것을 중요하게 생각해 적극적으로 후원을 할 수 있었다.

이탈리아의 각 도시 국가들은 정치적으로뿐만 아니라 문화와 예술분야에서도 서로 경쟁을 벌이는 등, 찬란한 르네상스 문화가 활짝 꽃 피우게 되었다.

르네상스의 예술가들

르네상스는 고대 그리스와 로마의 고전 작품을 수집하고 연구하는 데에서 출발했다. 이에 앞장선 사람들을 '인문주의자'라고 부른다. 이탈리아 인문주의자들은 그리스와 로마의 고전을 연구하기 시작했다. 그리스와 로마의 고전이 왜 이탈리아 인문주의자들의 관심을 끌었을까?

고대 그리스와 로마 문화의 중요한 특징은 인간 중심적이라는 사실이다. 신들은 가장 아름답고 이상적인 인간의 모습을 하고 있지만 인간처럼 분노하고 시기하며 사랑을 느끼는 존재로 그려질 정도로 인간다움이 문화의 중심에 자리 잡고 있었다.

조반니 보카치오

지나친 신 중심의 문화에서 벗어나고 싶었던 인문주의자들은 인간 중심적인 가치관에 매력을 느꼈다. 현실을 있는 그대로 그려내고, 그 속에서 인간만이 가질 수 있는 솔직한 감정과 진실을 표현하고자 했다.
대표적인 인문주의자는 프란체스코 페트라르카와 조반니 보카치오이다.

최초의 인문주의자인 프란체스코 페트라르카(1304~1374)로 고대 그리스와 로마의 문화를 동경하여, 수도원의 도서관을 찾아다니며 고전 작품을 수집하고 연구하였다. 그는 인간의 사랑과 자연을 노래한 시를 짓기도 했다.

페트라르카의 제자인 보카치오는 흑사병이 돌던 피렌체를 떠나 교와 별장으로 피신한 7명의 여자와 3명의 남자가 10일 동안 들려준 이야기를 바탕으로 인간의 위선을 풍자하고 현세를 긍정하는 주제를 담은 「데카메론」을 썼다. 여러 인간들의 이야기를 통해 운명을 극복하고 개척하는 인간의 모습을 보여주고 싶었다.

3명의 천재

현세적이고 인간 중심적인 가치관은 미술 분야에서 더욱 뚜렷하게 나타난다. 최후의 만찬과 모나리자를 그린 레오나르도 다빈치는 르네상스가 낳은 최고의 예술가였다. 인간의 심리를 세밀하게 관찰하고 신비스럽게 묘사한 작품으로 최고의 작품이다.

라파엘로는 마돈나 상에서 온화하고 평화로운 인간의 모습을 묘사했고 미켈란젤로는 최후의 심판에서 인간들의 갖가지 모습을 있는 그대로 묘사하고, 1498부터 2년 동안 조각한 다비드 상에서는 인간 신체의 아름다움을 조화와 균형 속에서 표현한 작품으로 유명하다. 미켈란젤로는 조각상을 만들지 않아 자신의 작품이라고 아무도 믿어주지 않자, 저녁에 몰래 성모 마리아의 가슴 띠에 자신의 사인을 새겨 넣었다는 일화도 전해진다.

15세기말부터 대서양의 스페인과 포르투갈이 신항로를 개척하면서 상업과 무역의 중심이 급속히 대서양으로 옮겨갔다. 15세기 후반에 꽃을 피운 르네상스는 프랑스와 스페인에 이탈리아 북부의 도시국가들이 정복당하면서 16세기부터 쇠퇴하기 시작했다. 이탈리아의 도시국가들은 경제적으로 어려움에 처하면서 르네상스는 프랑스를 중심으로 알프스 산맥을 넘어 북유럽으로 옮겨가며 새롭게 변형된 르네상스가 시작되었다.

BACCIVS·BANDINELLVS·FLORENTINVS·SANCTI·IACOB·EQVES·FACIEBAT·

토스카나의 작은 도시들을 자동차 여행하는 방법

토스카나는 평지와 작은 언덕들로 이루어진 이탈리아의 중부지방이다. 대중교통으로 이동
하기에는 시간이 오래 소요되기 때문에 자동차를 렌트해 여행하는 경우가 많다. 토스카나
의 작은 도시들, 몬테풀치아노, 산 지미냐뇨, 몬탈치노, 오르비에토 등은 성곽으로 둘러져
있기 때문에 자동차를 입구에 있는 주차장에 주차하고 작은 도시들을 둘러보면 된다.

ZTL 개념은 아무 때나 적용하는 것이 아니다.

토스카나 지방을 여행할 때 주차는 어렵지 않고 ZTL 개념은 몰라도 된다. ZTL은 아무 때나 적용하는 것이 아니다. 차량 출입 제한 구역을 ZTL(Zona Traffico Limitato)라고 부르는 데, 차량의 출입을 제한할 만큼 차량의 양이 많을 때 적용하지 아무 때나 생각을 하면서 주차를 하는 것이 아니다. 토스카나의 작은 도시, 아니 작은 마을들은 성곽으로 이루어져 성곽 입구에 주차를 하고 마을을 여행해야 한다. 그런데 여기에 차량 출입 제한 구역을 적용하는 것은 어불성설이다.

도로는 좁지만 운전이 어렵지 않다.

이탈리아 북부의 도시들은 공업도시들이 많기 때문에 고속도로가 많고 도로를 넓어서 운전하는 것이 대한민국과 다르지 않은 느낌이 있다. 이에 반해 이탈리아 중부의 토스카나 지방은 중세 도시들이 많아서 도로는 좁고 구불구불하다. 그런데 더 정겹게 느껴지는 도로는 차량의 양이 적어서 시골길을 운전하는 느낌을 받는다.

속도를 줄이고 운전하자.

이탈리아인들도 대한민국 사람
들처럼 성격이 급하기 때문에
좁은 구불구불한 길에서 속도
를 올리고 빠르게 운전할 때 사
고가 발생하게 된다.

마음의 여유를 가지고 천천히
운전하면서 주위의 풍경이 보
이게 되기 때문에 여행을 하는
기분을 낼 수 있다.

도시는 골목길을 따라 올라가면 전망대가 나온다.

중세에 만들어진 작은 마을들은 지도가 없어도 골목길을 따라 곳곳에 우뚝 솟아 있는 중세의 탑들과 구불구불 골목길을 걷는 재미가 있으므로 천천히 여유를 가지고 상점의 물건들을 보고, 힘들면 카페에서 커피나 음료를 마시고, 그림 같은 중세 분위기에서 식사까지 즐겨보면 전망대가 있는 정상부근까지 이동하게 된다.

Siena

시에나

시에나

고대 성벽에 둘러싸인 아름답고 온화한 도시, 시에나는 3개의 언덕 위에 건설된 중세 도시
이다. 르네상스 시대에 피렌체와 함께 경쟁을 하면서 성장한 시에나Siena는 결국 경쟁에서
밀려 낙오한 도시로 남게 된다.
고대에는 에투루리아 시대부터 존재한 역사가 깊은 도시이지만 중세를 거쳐 성장하여 르
네상스 시대에 피렌체와 경쟁했지만 결국 르네상스 시대 초기에 멈춘 낙오한 도시에서 시
간의 흔적을 볼 수 있다.

시에나의 간략한 역사

'불에 탄 시에나'라고 불릴 만큼 적갈색의 웅장한 고딕 건축물들이 즐비하다. 전설에 따르면 시에나는 로마의 창시자인 '레무스'의 아들이 세웠다고 전해진다.
중세에는 독립 공화국으로 번성했지만 르네상스 초기, 피렌체와 경쟁을 하면서 도시는 점차 도태되고 말았다. 피렌체 사람들이 흑사병을 퍼뜨리려고 죽은 당나귀와 배설물을 시에나에 버리는 사건까지 발생할 정도였다니 경쟁이 얼마나 치열했는지 짐작할 수 있을 것이다.

시에나 화파 & 경주 대회

시에나도 피렌체 못지않게 예술가들에게 지원을 아끼지 않으면서 시에나 화파가 생겨나고 성 카타리나, 성 베네딕트를 배출하기도 했다. 17개의 지역으로 나누어져 매년 10개 지역을 선발해 독특한 말 경주를 7월 2일부터 8월 16일까지 캄포광장에서 열고 있다.

그람시 광장

성녀 카데리나의 집

캄포 광장

푸블리코 궁전

두오모
두오모 오페라 박물관

산타마리아
델라 스칼라

캄포광장
Plazza del Campo

캄포라고 부르는 캄포광장Plazza del Campo은 거대한 조개모양으로 9개 지역으로 이어

진다. 부채꼴 모양은 중세시대에 시에나를 지배한 9개 지배자를 상징하고 있다.

광장의 중앙 위쪽에는 13세기에 분수를 만들어 시민들에게 식수를 공급한 가이아 분수Fonte Gaia의 모조품이다.

푸블리코 궁전
Palazzo Pubblico

광장의 가장 아래 부분에는 고딕 건축의 백미인 푸블리코 궁전Palazzo Pubblico이 있는데, 현재도 일부가 시청으로 사용되고 있다.

13~14세기에 시청으로 지어진 건축물은 내부에 암브로조 로렌체티Ambrogio Lorenzetti의 프레스코화인 '선한 정부, 나쁜 정부의 비유'가 전시되어 있다. 또한 시모네 마르티니의 마에스타도 많이 보는 작품이다. 그 옆에는 102m 높이의 만자의 종탑에 올라가 시에나 전경을 본다면 시에나에 반할 것이다.

요금_ 통합 입장료 25€(종탑 15€ / 시립 박물관 12€)

시모네 마르티니의 몬테마시성을 포위한 귀도리치오

시모네 마르티니의 마에스타

암브로조 로렌체티의 선한 정부, 나쁜 정부의 비유

아름다운 시에나 전경

두오모 둘러보기

성모 마리아에게 봉헌하기 위해 만든 성당은 로마네스크와 고딕 양식이 합쳐진 건축 양식으로 화려한 줄무늬 대리석 색감에 금빛의 모자이크로 장식하였다. 시에나가 피렌체와 경쟁하던 시기의 건축물은 시에나의 화려한 영광을 보여준다.

하얀 색과 검은 색 줄무늬의 대리석 기둥은 입구에서 보면서 탄생을 자아낸다. 내부의 하얗고 검은 색의 줄무늬는 시에나 시의 문장을 상징하는데, 독특하게 장엄한 느낌을 느낄 것이다.

40명의 예술가가 만든, 바닥의 모자이크를 지나치지 않고 보게 된다. 로마의 건국 신화에는 레무스의 아들 아스키우스, 세니우스는 암늑대 조각상을 훔쳐서 시에나에 도시를 세우게 된다. 아스키우스는 검은 말을, 세니우스는 하얀 백마를 타고 온 것을 형상화해 시에나의 문장과 색으로 결정하게 된다.

피콜로미니 도서관 (Libreria Piccolomini)

당시의 교황이었던 프란체스코 피콜로미니는 장서를 보관하기 위한 미니 도서관 건립을 지시한다. 피콜로미니의 일생을 담은 프레스코화로 장식하고 정면 중앙에는 그리스 로마 신화에 나오는 내용을 조각하였다.

▶ 파란색 테두리에는 100개의 별이 중심에서 퍼져나가면서 5개의 열로 장식했다. 내부를 비추고 바람이 통하도록 설계했다.

▲ 성 요한의 청동상

▲ 니콜라 피사노가 아들과 함께 만든 8각형의 설교단

세례당 (Battistero)

두오모 입구 건너편의 계단을 따라 내려가면 작은 문이 세례당의 입구로 금장식의 청동 세례반이 있다. 하단의 청동부분은 도나텔로의 헤롯왕의 향연과 기베르티의 세례 받는 예수 그리스도 작품이 있다.

두오모 오페라 박물관 (Museo del Opera)

두오모 광장 옆에는 건축물뿐만 아니라 박물관도 있다. 성당을 장식하던 주요 미술품들이 있는데, 조반니 피사노의 12개 대리석 동상. 두치오의 마에스타 등도 포함된다.

성당 뒤편에 있는 세례당의 정면은 고딕 양식으로 실내는 자코포 델라 퀴레치아 Jacopo della Quercia가 글자를 세긴 15세기의 프레스코화, 도나텔로, 기베르티의 조각으로 장식하였다.

마에스타(Maesta)
장엄하다를 뜻하는 이탈리아어를 붙일 정도로 대단한
작품으로 아기 예수를 안은 성모 마리아와 천사들이
둘러싼 구성을 보여준다.

피네스트라 (Finestra)
에나 화파의 창시자인 두초 디 부오닌세냐(Duccio di
Buoninsegna)의 작품으로 최후의 만찬을 스테인드글라스로
표현했다.

15세기, 시에나 화파의 작품들, 두치오의 프란체스카의 마돈나, 시모네 마르티나의 밤비노
의 마돈나, 암브로지오 로렌체티의 마돈나 연작 등이 대표적이다.

홈페이지_ www.operaduomo.siena.it
주소_ Piazza del Duomo 8
시간_ 10~19시(4~10월 : 토요일&공휴일 전날 10시 30분~18시, 일요일과 공휴일 13시 30분~18시)
　　　10시 30분~17시 30분(11~3월 : 토요일&공휴일 전날 ~17시, 일요일과 공휴일 13시 30분~17시)
요금_ 두오모 통합 3일권 13€ (두오모+도서관+오페라 박물관+지하유적+세례당 / 바닥 공개시 15€)
　　　두오모 통합 + 천국의 문 3일권 20€ (6세 이하 무료)

Arezzo

아레초

푸르른 하늘이 인상적인 이탈리아 토스카나 주에 위치한 아레초Arezzo는 고대 로마시대 때
부터 상업도시로 번영하였으며, 이탈리아의 남부와 북부를 잇는 교통의 요지로 자연스럽
게 상업과 공업이 발달하였다. 중세 시대로 그 기원이 거슬러 올라가는 마상 대회인 조스
트라 델 사라치노가 열리는 것으로 알려져 있다.

예술가들의 고향

르네상스의 거장 미켈란젤로의 고향으로 알려진 아레초는 황금과 패션 디자인의 도시로 알려져 있다. 조르조 바사리, 아레초의 귀도, 귀토네 다레초 등 예술가들과 시인들의 고향이었다.

도시는 성 프란체스코 성당 내 피에로 델라 프란체스카의 프레스코, 성 도메니카 성당 내 치마부에의 성 십자가상 등으로 유명하다.

인생은 아름다워

아레초Arezzo는 토스카나에서 유명한 마을은 아니다. 하지만 2000년대에 잠시 인기도시로 부상할 때도 있었다. 오래되기는 했지만 이탈리아의 유명한 영화감독 로베르토 베니니가 주연과 감독을 맡은 '인생은 아름다워'의 인기가 전 세계로 알려지면서이다. 영화의 내용은 조금 슬프지만, 다른 각도에서 영화의 시각은 사람들에게 울림을 주었다.

그란데 광장
Piazza Grande

아레초의 중심 광장인 그란데 광장Piazza Grande은 중세풍의 광장으로, 산타 마리아 델라 피에베의 13세기에 만들어진 로마네스크 양식의 애프스 뒤에 위치했다.

도시의 주요 시장이 열리던 광장은 현재는 '조스트라 델 사라치노'가 열린다. 석회석으로 된 기하학적 선이 있는 가운데 적색 벽돌로 깔린 경사진 포장도로가 깔려 있다.

두오모
Duomo

1278~1510년의 공사에도 고딕 양식의 성당은 완공이 되지 않다가 1914년에 마무리되었다. 700년이 넘는 시간 동안 지어졌지만 의외로 유명하지 않은 게 더 신기한 성당이다.
내부에는 높은 기둥으로 이어지는 천장과 바닥 사이가 길게 이어져 있다. 그 성당의 끝에 중앙 제단이 있고 스테인드글라스로 창이 높게 빛을 투과시키고 있다. 중앙 제단의 관은 아레초에서 숨을 거둔 교황 그레고리우스 10세의 관으로 그의 죽음과 함께 막달라 마리아 프레스코화가 그려져 있다.

주소_ Piazza del Duomo
시간_ 6시30분~12시 30분, 15~18시 30분

산 프란체스코 성당
Chiesa di San Francesco

내부의 벽화연작을 보려고 찾는 관광객이 많다. 성당의 외부는 피렌체, 밀라노 등의 두오모에 비해 실망할 수 있다. 하지만 성당 안으로 들어가면 남겨진 빛바랜 프레스코화들이 먼저 보이면서 외관만 보고 실망한 자신에게 오히려 실망할 수 있다. 앞으로 나아갈수록 선명히 보이는 프레스코화는 빠져들게 된다. 이 그림들 중 가장 유명한 것은 '콘스탄티누스의 꿈'과 ' '솔로몬과 시바의 여왕'이라는 작품이다. 작품에 담겨진 이야기를 듣다보면, 종교에 상관없이 그림을 이해하고 흥미를 갖게 될 것이다.

홈페이지_ www.pierodellafrancesca.it
시간_ 9~18시 30분(4~10월 / 토요일 17시 30분까지
일요일 13~17시 30분, 9~17시 30분(11~3월 /
토요일 17시까지 / 일요일 13~17시)
요금_ 12€

❾ 전투에서 이겨 예수의 십자가를 예루살렘으로 옮기는 장면이다.

❼ 십자가를 찾아내는 장면이다.

❽ 십자가를 찾은 장소에서 300년이 흐른 뒤, 비잔틴 제국에서 왕좌를 장식하기 위해 십자가를 훔쳐간 호스로우와의 전투장면이다.

❶ 아담의 죽음을 나타내는 그림은 오른쪽과 왼쪽으로 나누어 그려져 있다. 중요한 그림인 왼쪽은 아담을 매장하는 장면인데, 씨앗을 아담의 입안에 넣으려는 것으로 염을 한 것이라고 추측하고 있다.

❷ 무릎을 꿇고 있는 여성은 시바 여왕으로 아담의 무덤에 있던 씨앗이 자란 신성한 나무이고, 수염을 기른 왕은 지혜의 왕인 솔로몬 왕이다.

❺ 콘스탄티누스 대제가 군사를 이끌고 이기길 바라는 마음에 십자가를 들고 전투에 나가는 장면이다.

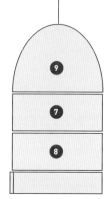

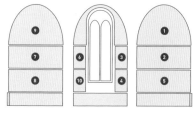

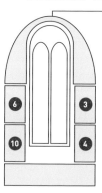

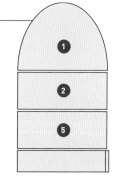

❸ 성스러운 나무로 만든 예수의 십자가를 찾는데, 십자가가 묻힌 장소를 아는 사람은 유다였다. 유다를 우물에 빠뜨려 십자가의 위치를 알게 되는 장면이다.

❿ 예수의 어머니 마리아가 꿈에서 천사가 아들의 이름을 예수라 지으라는 '수테고지' 장면을 그린 그림이다.

❸ 솔로몬 왕이 나무를 옮기기로 결정한 장면이다.

❹ 기독교를 공인한 황제인 콘타탄티누스 대제가 중요한 전투였던 막센티우스와의 전투를 앞두고 성스러운 나무로 만든 십자가를 보는 장면이다.

Lucca

루카

Lucca

루카

피렌체에서 서쪽으로 약 85㎞ 떨어진 루카는 피사에서 차로 1시간이면 도착할 수 있다. 중세의 도시에서 유서 깊은 건물들과 원형 성벽을 따라 올라가 보자. 르네상스 시대의 성벽으로 완전히 둘러싸인 작은 도시는 자갈길로 이루어진 길을 따라 올라가면 중세의 탑과 파스텔 색 건축물, 넓은 광장이 인상적이다. 광장은 로마네스크 양식의 성당으로 가득하다.

한눈에 루카 파악하기

계획 없이 걸어가 보는 것이다. 대부분의 도시에는 차가 다니지 않는다. 주요 도로들은 도시의 중심지인 광장과 연결되어 있다. 과거에 자리 잡고 있던 로마의 원형 경기장 모양을 본 따 타원형으로 조성된 안피테아트로 광장이 중심 광장이다. 산 미켈레 광장과 광장 안에 위치한 12세기 건물인 산 미켈레 교회는 성벽으로 둘러싸인 17세기의 파네르 궁전에서 정원을 산책하는 것도 좋다.

중세 시대의 루카에서는 수십 채의 탑이 스카이라인을 수놓았지만, 현재는 몇 채만 남아 있고, 두 곳의 탑에는 직접 오를 수 있다. 도시 방어를 위해 세워진 루카의 성벽은 한 번도 침략을 당한 적이 없다. 원형 성벽의 전체 길이는 약 4km에 이른다.

지금은 지면보다 높은 녹지대로 탈바꿈한 성벽 위에서 자전거를 타거나 산책을 하는 사람들을 볼 수 있다. 성벽 위의 보도를 따라 걸으며 도시의 구조를 한눈에 확인할 수 있다. 시계탑의 꼭대기에서 도시의 전경을 감상하고 귀니지 타워의 꼭대기에서 오크 나무로 조성된 옥상 정원도 감상해 보자.

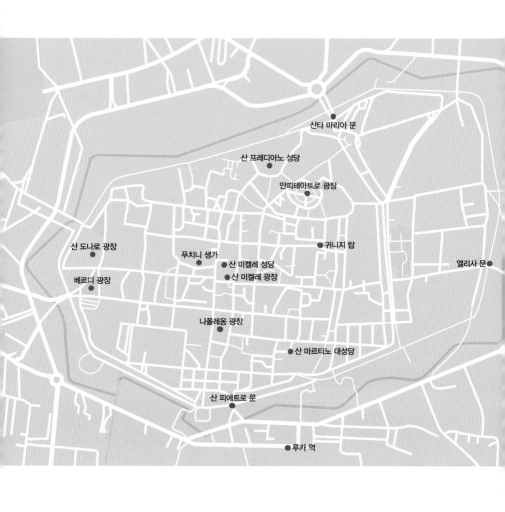

산타 마리아 문

산 프레디아노 성당

안피테아트로 광장

산 도나로 광장

푸치니 생가

귀니지 탑

산 미켈레 성당

엘리사 문

산 미켈레 광장

베르디 광장

나폴레옹 광장

산 마르티노 대성당

산 피에트로 문

루카 역

매년 4월 27일

루카의 중요한 성인인 성녀 지타의 타계일로, 1년 중 안피테아트로 광장을 방문하기에 가장 좋은 날이다. 성녀 '지타'를 기리기 위해 대규모 꽃시장으로 변모하는 광장은 하루 동안 꽃의 바다를 이룰 정도로 꽃으로 뒤덮인다.

성녀 지타(Jita)

13세기 경 어느 가정의 하녀로 일하던 성녀 지타는 앞치마 가득 빵과 음식을 챙겨 가난한 자들에게 가져다 주었다. 지타가 음식을 훔친다고 생각한 주인은 어느 날 그녀에게 앞치마에 있는 것을 펼쳐 보이라고 했다. 지타가 앞치마를 펼치자 빵 조각들은 기적과도 같이 꽃으로 변해 있었다고 한다.

푸치니 & 루카 여름 축제

루카 출신이었던 자코모 푸치니는 만 22세까지 살았다. 매년 7~8월, 두 달에 걸쳐 열리는 '푸치니 축제' 동안 상연되는 푸치니의 오페라를 감상하는 것은 잊지 못할 경험이 될 것이다. 나폴레옹 광장에서 열리는 '루카 여름 축제'에는 웅장한 공작 저택을 배경으로 대규모 스크린과 무대가 세워지고, 매일 밤 공연이 펼쳐신다. 엘튼 존, 에릭 클랩튼, 제임스 브라운과 핑크 등이 나폴레옹 광장을 다녀갔다.

산 프레디아노 성당
Basilica di San Frediano

산 프레디아노 싱딩Basilica di San Frediann은 루카의 중심가인 비아 필룽고의 끝자락에 있는 산 프레디아니 광장에 자리하고 있다. 산 프레디아노 성당은 6세기에 최초로 성당을 세운 아일랜드 출신 주교 프리디나우스의 이름을 기려 명명되었다. 오늘날의 건축물은 12세기 중엽에 로마네스크 양식으로 지어졌다.

성당에 도착하면 가장 먼저 눈길을 끄는 것은 널찍한 파사드 위에 있는 비잔틴 양식의 금빛 모자이크이다. 그리스도의 승천을 나타내고 있는 모자이크 아래에는 12사도가 그려져 있다. 아름다운 예술 작품과 미라로 보존된 성자 등을 볼 수 있는 성당 내부 또한 외관에 뒤지지 않는다.

입구 옆에는 12세기에 제작된 세례반이 있는데, 세례반은 모세의 이야기로 조각되어 있다. 우측 측랑을 걸어 내려가면 루카의 중요한 성인인 성녀 지타의 예배실이 나온다. 성녀 지타는 유리관 안에 미라로 부존되어 있어 유리 너머로 얼굴과 손을 볼 수 있다. 1580년 무덤에서 발굴되었을 때, 성녀 지타의 시신은 부패가 거의 진행되지 않은 상태였다. 예배실 벽에는 16~17세기 회화를 감상할 수 있다.

성당의 벽과 기둥과 예배실에 전시된 프레스코화는 오랜 세월에도 불구하고 훌륭하게 보존되었다. 그 중 십자가 예배실 천장에 전시되어 있는 르네상스 화가 아미코 아스페르티니의 16세기 작품은 단연 돋보인다. 작품은 천사들과 예언자들로 둘러싸인 하나님을 그리고 있다.

주소_ Piazza San Frediano, 16, 55100
시간_ 9시 30분~17시

토레 델레 오레 시계탑
Torre delle Ore

시계탑은 **루카**의 쇼핑 거리인 비아 필룽고Via Fillungo에 위치하고 있다. 루카에서 가장 높은 토레 델레오레의 꼭대기에 올라 르네상스 성벽과 좁은 골목길을 내려다볼 수 있다.

'토레 델레 오레'라는 이름의 시계탑의 높이는 50m로 남아 있는 탑 중에서 가장 높다. 거대한 탑은 1390년에 세워졌으며, 태엽 장치는 1752년에, 시계판은 2년 후인 1754년에 장착되었다.

중세에는 130개가 넘는 탑이 루카의 스카이라인을 장식했다. 대부분 부유한 상인 가문의 수유였던 탑들은 부와 권력을 상징하는 동시에 방어 기능을 수행했는데, 현재, 몇 개만 남아 있다. 훌륭하게 보존된 207개의 목조 계단을 오르려면, 계단이 좁고 가파르니 조심해야 한다.

종탑에 올라서기 직전에 지금도 손으로 감아 동작하는 구식 태엽장치를 눈으로 확인할 수 있다. 종이 울릴 때에는 바퀴

달린 장치가 돌아가는 것도 볼 수 있다. 장치는 빠르고 시끄럽게 돌아가며 시간에 따라 종이 울리는 횟수를 조정한다. 탑 꼭대기는 루카에서 가장 높은, 14세기에 세워진 시계가 있다. 꼭대기에 오르면 아름다운 루카의 전경과 토스카나 지방의 산들이 한눈에 들어온다. 저 멀리 머리 위에 오크나무 숲을 얹고 있는 귀니지 타워도 볼 수 있다.

개방 시간_ 4~10월까지 개방

안피테아트로 광장
Piazza Anfiteatro

고대 로마의 검투사들이 경합을 벌이던 매력적인 광장에서 카페에 앉아 진한 에스프레소 커피를 마시며 지나가는 사람들을 구경하며 여유를 즐길 수 있다. 서로 다른 높이의 밝은 색 건물들이 광장을 둘러싸고 있다. 광장은 2세기 경 전차 경주가 열리던 고대 로마의 원형 경기장 폐허 위에 조성되었다.

최대 10,000명의 관객을 수용할 수 있던 원형 경기장은 검투사들이 목숨을 걸고 시합을 벌이던 곳이다. 로마 제국 멸망 이후 감옥, 도살장, 소금 창고 등으로 사용되었다가 지금은 레스토랑과 카페, 상점들이 즐비한 광장으로 변화했다.

안피테아트로 광장은 4곳의 아치형 문으로 들어갈 수 있다. 광장에 들어서면 광장이 타원형으로 되어 있음을 알 수 있다. 고대 원형 경기장의 모양을 본 따 타원형으로 조성된 광장은 로마의 유산을 상징한다. 타원형의 외부를 둘러보면 로마 시대에 사용되었던 기존 벽돌이 오늘날의 건물들에 짜 넣어진 것을 볼 수 있다.

장소_ Piazza dell'Anfiteatro

귀니지 타워
Torre Guinigi

루카의 스카이라인을 장식하는 귀니지 타워는 약 44m에 달하는 꼭대기에 수 백 년 된 털 가시나무 정원을 품고 있다. 털 가시나무로 덮인 중세의 탑 너머로 루카의 경관을 한눈에 감상할 수 있다.

14세기 후반, 귀니지 가문에서 부를 과시하기 위해 건립한 붉은 벽돌의 귀니지 타워는 귀니지 성에 인접하게 조성되었다. 당시 부유한 가문들은 앞 다투어 가장 높고 멋진 탑을 쌓곤 했다. 이렇게 조성된 탑들은 외부의 공격에 맞서 보호하는 기능도 담당하였다.

널찍한 돌계단을 230개 올라 정상 부근의 좁아지는 곳을 통과하면 꼭대기가 나온다. 계단 곳곳을 장식하는 벽화에는 루카와 피사 사이의 피비린내 나는 전투 등, 루카의 역사적인 순간들이 담겨 있다. 이탈리아 어로 글이 씌어져 있어 의미는 알 수 없지만 각 그림이 어떤 상황을 나타내는지는 파악할 수 있을 것이다.

장소_ Via Sant'Andrea, 55100
시간_ 9시 30분~18시 30분

꼭대기의 나무

학자들에 의하면 이곳에 심어진 나무들은 재탄생과 권력을 상징한다고 한다. 현재, 나무들은 햇볕이 쨍쨍한 날이면 시원한 그늘을 제공해 주고 있다.

탑의 풍경

탑에서 보이는 도시의 경관은 과거에 고대 원형 경기장이 있었으며 지금은 광장이 된 타원형 부지를 쉽게 찾을 수 있다. 주변의 산과 성당의 탑, 건물의 지붕도 볼 수 있다.

파네르 궁전
Palazzo Pfanner

루카에서 가장 우아한 명소인 파네르 궁전의 바로크 양식의 장엄함을 직접 느껴볼 수 있을 것이다. 17세기에 지어진 파네르 궁전은 프레스코화와 성벽으로 둘러싸인 정원과 클래식 음악 공연으로 유명하다. 이곳은 1660년대에 부유한 모리코니 가문에 의해 건립되었다. 그 후 여러 가문의 손을 거치다 1856년 파네르 가의 소유가 되었다. 파네르 궁전은 오늘날까지도 파네르 가에서 소유하고 있다.

18세기 초 프레스코화로 장식된 거대한 영빈관에서 궁전 관람을 시작한다. 영빈관 너머의 여러 방들을 둘러보며 서로 다른 시대의 가구와 비품을 비교해 보면 각 특징을 찾을 수 있을 것이다. 1692년 덴마크와 노르웨이의 프레데릭 왕자가 머무는 동안 이용한 캐노피 침대와 19세기 식기로 꾸며진 식당을 볼 수 있다.

수술 도구와 의료 기구가 전시된 상설전에서 19세기 후반의 의료 기술을 알 수도 있는 경험이 될 것이다. 전시된 기구들은 1920~1922년까지 루카의 시장을 맡았던 외과의사 피에트로 파너Pietro Pfanner의 소유였다. 절단 도구와 초기 혈압 측정 기구, 19세기 환자들에게서 추출된 해부학 표본을 볼 수 있다.

이탈리아 양식 정원

지중해 식물들과 분수, 조각상과 테라스, 잔디밭 사이를 둘러보면 고대 그리스와 로마 신화에 나오는 신들의 조각상으로 둘러싸인 8각 분수에 앉아 휴식을 취하고, 레몬 나무에 주렁주렁 달린 레몬의 향기도 가슴 깊이 들이마셔 보자. 정원은 영화 제작자들도 주목했다. 니콜 키드먼과 존 말코비치가 주연한 1996년 작 '여인의 초상'이 촬영되기도 했다.

장소_ Via Degli Asili 33,55100

산 마르티노 대성당
Duomo di San Martino

산 마르티노 대성당Duomo di San Martino은 무려 11세기 경부터 루카에 있었다. 기존의 구조물은 거의 남아 있지 않으며, 12세기 이후 진행된 보수 작업으로 지금의 정교한 건축물이 탄생하게 되었다. 십자가에 매달린 예수상도 전시되어 있다.

외관
상층부의 기둥은 조각상과 기하학적 조각물로 꾸며져 있다. 기둥머리는 특이하게도 인간과 동물의 기이한 형상으로 조각되어 있다. 줌 기능이 좋은 카메라를 준비하면 자세히 살펴볼 수 있다.

3개의 아치로 되어 있는 하부 파사드는 오른쪽 아치가 나머지 2개보다 작은 비대칭 구조이다. 중앙 아치의 오른쪽 윗부분에는 성당이 기리는 산 마르티노의 조각상이 있다. 말 위에 올라타고 있는 산 마르티노는 거지와 외투를 나누어 입고 있다. 조각상은 성당 입구 안쪽에 보존되어 있는 13세기 작품의 모사품이다. 성당 입구 포치의 얕은 돋을새김을 자세히 보다 보면 고트족들에 의해 참수되는 성 레굴루스의 이야기를 볼 수 있다.

내부
루카에서 가장 신성한 유물이 보존되어 있는 8각형의 예배실에서 루카의 성스러운 얼굴을 보자. 볼토 산토 디 루카는 정교하게 만든 예수 그리스도의 조각이 목재 십자가에 매달려 있는 작품이다. 전설에 따르면 예수의 시신 매장을 준비한 니고데모가 직접 볼토 산토 디 루카를 조각했다고 한다. 학자들은 대체로 오늘날의 볼토 산토 디 루카를 원본의 모사품이라 본다.

일라리아 델 카레토의 묘

1405년 세상을 떠난 이탈리아의 귀족 여성 일라리아 델 카레토의 묘에는 조각이 인상적이다. 아름다운 대리석관의 뚜껑에는 누워 있는 일라리아와 그녀의 발밑에 앉아 있는 강아지가 조각되어 있고, 석관 측면에는 발가벗은 아기 천사들이 조각되어 있다.

주소 : Piazza Antelmineili, 55100
시간 : 9시 30분~19시(3월15일~11월2일 / 이외는 17시까지, 토요일 19시, 일요일 18시까지)
요금 : 13€ (성당+박물관+종탑 통합권 / 성당만 6€)

나폴레옹 광장
Piazza Napoleone

기차역에서 도보로 10분 거리, 베르디 광장 버스 정거장에서 약 400m 떨어져 있는 루카 최대의 나폴레옹 광장은 루카에서 가장 붐비는 곳이다. 매일 수많은 관광객들이 콘서트와 분위기 있는 카페, 멋진 건축물과 넓은 공간, 울창한 나무를 자랑하는 나폴레옹 광장을 방문한다.

루카의 주 광장인 나폴레옹 광장은 큰 광장이라고 불린다. 광장에 서있는 동상의 주인공인 1805~1815년까지 루카를 지배하였던 엘리자 보나파르트가 그녀의 오빠 나폴레옹을 기려 조성하였다.

광장을 둘러싼 중요한 건물

엘리자 보나파르트의 저택
위풍당당하게 서 있는 장엄한 공작 저택은 과거 엘리자 보나파르트의 저택이었으며, 지금은 루카 지방 정부가 자리하고 있다. 공작 저택은 800년이 넘는 세월 동안 루카의 정치, 행정의 중심지였다.

질리오 극장
이탈리아에서 가장 오래된 극장 중 하나인 질리오 극장은 17세기 중엽에 설립되었다. 극장에서는 봄에 무용 공연, 오페라, 클래식 공연 등이 열린다.

산 미켈레 광장
Piazza San Michele

루카 도심에 위치한 산 미켈레 광장은 2000년이 가까운 세월 동안 루카의 시민 삶의 중심지 역할을 해 왔다. 고대 로마의 포룸이 있던 곳이자 개선식이 거행되고, 공공 연설, 상업이나 정치 활동이 이루어지던 곳이었다. 1548년, 참수당한 16세기의 유명 정치인 프란세스코 부라마치 Francesco Burlamacchi의 동상도 볼 수 있다.

고대 로마의 포룸이 위치했던 광장에는 완공되지 않은 성당이 서 있다. 12세기의 웅장한 산 미켈레 성당이 광장을 압도한다. 광장은 성당의 이름을 기려 명명되었다. 성당은 200년이 넘는 세월 동안 건축이 진행되었으나, 완공되지 못했다. 건립 자금 부족으로 공사가 중단되어, 결과적으로 건물 자체보다 정면 파사드가 더 큰 구조가 되었다.

새히얀 대리석으로 이루어져 있는 밋밋한 하부와는 대조적으로 상부는 정교한 조각, 꼬인 기둥과 아치로 화려하게 장식되어 있다. 꼭대기에는 용을 물리치는 대천사 미카엘의 대리석상이 있다. 교회로 들어가면 프레스코 벽화와 회화, 조각의 향연이 펼쳐진다. 성모 마리아와 아기 예수의 테라코타상은 단연 눈에 띈다.

장소_ Piazza San Michele
시간_ 8시30분~12시,
　　　 15~18시(주말 미사시 입장 불가)

비블리오테카 스타탈레 디 루카
Bibloteca Civica Agora

루카의 주립 도서관인 비블리오테카 스타탈레 디 루카에는 서적, 팜플렛, 필사본 자료들이 비치되어 있다. 철학에서 종교, 인문학 등 다양한 분야의 서적을 만나 볼 수 있다.

비블리오테카 스타탈레 디 루카는 50만 권에 이르는 책과 3,000여 종의 정기 간행물을 소장하고 있다. 이곳의 자료는 17세기에 설립된 산프레디아노 라테란 성전 도서관의 소장본을 물려받은 것이다.

1158년에서 1163년에 걸쳐 빙엔의 성 힐데가르트가 2번째 철학서로 저술한 '책임 있는 인간'의 원본이 있다. 아브라함 오르텔리우스가 엮은 지도책 '세계의 무대'는 16세기에 제작된 이 지도책을 진정한 의미에서의 최초의 지도책이라 여긴다. 15세기에 루카의 한 주교가 소장하고 있던 '로마 미사 전례서도 비치되어 있다.

컬렉션에는 루카의 부유한 귀족 가문의 문장과 족보가 포함되어 있다. 500여 종에 이르는 푸치니의 미발표 곡을 비롯하여 편지와 서명 본, 직접 쓴 글을 볼 수 있다. 대중에게 공개되어 2개의 룸에는 전시 도서가 비치되어 있고, 자료실에는 역사적 가치가 뛰어난 희귀 도서가 비치되어 있다.

장소_ Via delle Trombe 6, 55100
시간_ 9시 30분~19시 30분(일, 월요일 휴무)

질리오 극장
Teatro del Giglio

19세기 초에 설계된 역사적인 시립 극장인 질리오 극장은 루카에 있는 아름다운 신고전주의 양식의 극장이다. 플러시 천을 씌운 객석의 고풍스러운 분위기의 극장은 연중 내내 오페라 공연과 연극뿐만 아니라 아이들을 위한 어린이 프로그램, 워크숍, 강습도 개최한다.

극장은 생긴 것은 1600년이었지만 1675년이 되어서야 전용 건물을 가질 수 있었다. '공공 극장Teatro Pubblico'으로 불리던 원래 건물은 1688년에 화재로 소실되었다. 이후 이탈리아 건축가 지오바니 라자리니Giovanni Lazzarini에게 신고전주의 양식의 새 극장을 설계하는 임무가 주어졌고, 1819년에 새 극장이 개관하게 되었다.

극장의 프로그램은 서정Lyrical, 산문Prose, 무용Dance 등 테마별 시즌으로 나뉘어져 있다. 봄철과 가을철에는 '아페리티프 콘서트aperitif concerts'가 매주 일요일 아침에 열린다. 루카 출신 작곡가 푸치니의 작품이 자주 무대에 오른다.

극장의 도서관은 4,000여 권의 책과 75권의 정기 간행물뿐만 아니라 1985년부터 무대에 오른 공연을 녹화한 고유한 영상 기록물 컬렉션을 소장하고 있다.

장소_ Piazza del Giglio 13/15, 55100

Livorno

리보르노

Livorno
리보르노

인근의 토스카나 도시들에 비해 유명하지는 않지만, 피사와 피렌체, 친퀘테레로 들어가는 관문인 리보르노는 나름의 소박한 멋을 지니고 있다. 리보르노Livorno에서 베네치아 식 운하와 가족 여행자를 위한 즐길 거리, 박물관과 인근의 멋진 성들을 둘러보면 토스카나 서해안의 항구 도시에서 이탈리아의 진면모를 느낄 수 있다.
아름다운 항구 도시를 둘러본 후 티레니안 해안가로 나가 그림 같은 성과 포도원, 리구리아 해를 굽어보는 깎아지른 듯한 절벽에서 해지는 바다를 감상해보자.

About 리보르노

리보르노는 피사에서 남서쪽으로 20km 떨어져 있다. 영어로 '레그혼'이라 불리는 리보르노에는 이탈리아 최고의 랜드마크는 없지만, 요소요소에서 소박한 볼거리들이 기다리고 있다. 17세기 운하인 리틀 베니스에서 리보르노 관광을 시작한다. 운하들 사이에 공화국 광장이 자리하고 있고, 광장 양 끝으로 2개의 위풍당당한 조각상이 서 있으며, 옆으로는 그림 같은 공원으로 둘러싸인 16세기의 성 포르테차 누오바가 있다.

지오반니 파토리 시립박물관에는 이탈리아 인상주의 화가들의 작품이 전시되어 있다. 긴 수염고래의 골격을 볼 수 있는 지중해 자연사박물관과 리보르노 수족관은 가족 여행객들에게 인기가 높다.

당일치기 여행코스

교통의 요지인 항구 도시 리보르노에서 토스카나 해안선을 둘러보면 구불구불한 도로를 따라 남쪽의 해변으로 당일 여행을 떠나는 것도 좋다. 복원된 카스텔로 델 포칼레와 와이너리가 딸린 카스텔로 손니노에서 이탈리아 와인을 즐겨보는 것도 좋다. 기차를 이용하여 리보르노의 북쪽에 자리잡고 있는 친퀘테레와 주변의 다섯 마을을 방문하는 것도 좋은 여행 코스이다. 여름에는 여객선을 이용하여 해안선을 즐기는 것도 추천한다.

리보르노로 다시 돌아와서는 전통 이탈리안 레스토랑인 오스테리아에서 럼과 커피의 혼합 음료인 폰체 알라 리보르니스Ponce alla Livornese를 곁들여 생선 스튜를 맛보고, 식사를 마친 후에는 테라자 마스카니를 따라 현지인들과 함께 저녁 산책을 즐겨 보자.

산타 카테리나 교회
Chiesa Santa Caterina de Siena

천주교 신전인 산타 카테리나 교회Chiesa Santa Caterina de Siena는 리보르노의 중심부를 굽어보며 서 있다. 주민들은 성 카타리나에게 헌정된 이곳을 교회를 설립한 도미니카 수도사들을 기려 '도미니크회Dominik 교회'라 부르기도 한다. 유서 깊은 예배당을 방문하여 바로크 양식의 아름다운 건축과 내부의 유명 예술 작품을 감상할 수 있다.

산타 카테리나 교회는 1720년에 착공되어, 1753년에 파사드가 완성되지 못한 채 대중에게 공개되었다. 18세기의 전형적인 바로크 양식인 외관을 보고 내부로 들어가면 측면으로 하나씩 7개의 대예배실이 붙어 있는 특이한 8각형 구조가 한눈에 들어온다.

중앙의 돔 천장은 산타 카테리나 교회의 하이라이트이다. 이탈리아의 저명한 화가 세자레 마페이의 프레스코화가 천장을 온통 뒤덮고 있다. 천장의 돔은 63m로, 그 높이가 피사의 사탑보다 높다. 조르조 바사리에 의해 제작된 제단화는 성모의 대관식을 그리고 있다.

산타 카테리나 교회가 소장하고 있는 파시냐니 학파 화가들의 작품과 1604년에 제작된 목제 성가대석을 살펴보자. 1,200개의 정교한 파이프로 구성된 오르간은 1837년 안토니오 두치에 의해 제작되었다.

전설에 따르면 미국 최초의 성인인 성녀 엘리사벳 앤 시튼이 이곳에서 천주교로 개종을 했다. 산타 카테리나 교회는 또한 성 발렌타인의 성유물을 유리 상자 안에 보존하고 있다고 주장하지만 유럽 전역의 교회들이 비슷한 주장을 하고 있어, 진위 여부는 불투명하다.

주소_ Via del Forte San Pietro 3, 57123
전화_ +39-0586-894-090

포르테차 누오바
Fortezza Nuova

'새로운 요새'라는 뜻의 장엄한 포르테차 누오바Fortezza Nuova는 리보르노의 중앙 광장인 공화국 광장 북쪽에 자리하고 있다. 1589년, 메디치 가문의 프렌체스코 1세 대공이 건축가 베르나르도 부온탈렌티에게 해적으로부터 도시를 보호할 요새 건설을 의뢰하였고, 오늘날까지 우뚝 솟아있는 거대한 요새가 탄생하였다.

한때 외적으로부터 리보르노를 보호하던 이곳은 오늘날 도시의 전경이 한눈에 내려다보이는 훌륭한 전망대가 되었다. 리보르노 도심에서 멀지 않은 곳에 있는 포르테차 누오바의 인근에는 그란데 광장과 팔라초 그란데 등 주요 관광지가 자리잡고 있다.

2차대전 당시 폭격을 당한 요새 내부의 건물들도 볼 수 있다. 지금, 성벽의 안뜰은 거대한 공원으로 변모하였다. 아치의 홀인 '살라 델리 아치'를 거닐면 복원된 궁륭 천장을 볼 수 있는데, 공연장, 전시회장으로 사용되고 있다.

//

주소_Viale Degli Avvalorati

요새의 역사 & 특징

다각형 구조로 설계된 포르테차 누오바는 거의 전체가 붉은 벽돌로 이루어져 있다. 요새는 온통 해자와 성벽으로 둘러싸여 있는데, 해자 이곳저곳에서 돌출된 부두를 이용하여 도시 전역에서 포르테차 누오바로 접근할 수 있다. 부두에서 이어진 다리를 통해 포르테차 누오바에 접근해 보면 요새에서 분리되어 있는 V자형 보루는 외부로부터의 침입을 효과적으로 분산하는 16세기 특유의 군사 방어물이라는 사실을 알 수 있다.

해적의 침략이 과거의 일이 된 이후에, 포르테차 누오바는 병영과 창고로 사용되었다. 17세기 말엽, 리보르노의 인구가 증가함에 따라 포르테차 누오바의 2/3가 헐리고 산 마르코와 베네치아 누오바와 같은 신설 동네가 들어섰다.

4인의 무어인 기념물
Monumento dei Quattro Mori

4인의 무어인 기념물Monumento dei Quattro Mori은 리보르노에서 가장 눈에 띄는 조각 상으로, 인간의 고통을 예술로 승화한 걸 작이다. 항구 옆에 위치한 기념물은 리보 르노의 주요 상징이라 여겨진다. 항구를 따라 거닐며 아름다운 바다의 전경을 감 상하고 인근의 해산물 시장까지 짧은 산 책을 즐기는 것도 좋다.

4인의 무어인 기념물Monumento dei Quattro Mori는 바닷길을 이용해 도시로 들어오는 방문객에게 대공의 권위를 과시하기 위 해 세워졌다. 기념물 중앙에는 리보르노 의 설립자이자 1587~1609년까지 토스카 나의 대공이었던 메디치 가문의 페르디 난도 1세의 동상이 서 있다. 카라라산 대 리석으로 된 대공의 동상은 저명한 조각 가 조반니 반디니에 의해 1599년에 제작 되었다.

받침대 밑부분에 사슬로 연결된 4인의 무 어인 동상은 1626년에 조각가 피에트로 타카에 의해 추가로 제작되었다. 무어인

들의 표정과 몸짓에서 노예 생활의 고통 과 괴로움을 읽을 수 있다. 조각가 타카는 인근의 교도소를 방문해 수감자 중에서 조각의 모델을 구했다고 한다. 어떤 이들 은 4인의 무어인이 오비디우스가 말하는 인류의 4개 시대를 일컫는다고 하고, 또 어떤 이들은 실제 인물을 그리고 있다고 한다.

조각의 기단은 원래 바버리 지역의 군대 식 장식물, 트로피, 문장 등으로 꾸며져 있었지만 1799년 나폴레옹의 군대가 리보 르노를 떠날 때, 기단 장식도 함께 가져갔 다. 프랑스의 박물관들이 이를 찾기 위해 나라를 샅샅이 뒤졌지만, 기단 장식은 오 늘날까지도 발견되지 않고 있다.

조각가 타카는 기념물 양옆에 바다 생물 모양의 분수대를 설치하려는 계획을 갖 고 있었지만 타카가 제작한 분수대는 페 르디난도 1세에 이어 토스카나의 대공이 된 코시모 2세에 의해 피렌체로 옮겨졌 다. 분수대는 오늘날 피렌체에서 가장 아 름다운 광장이라 여겨지는 산티시마 아 눈지아타 스퀘어에 자리하고 있다.

///

주소_ Piazza Giuseppe Micheli

팔라초 그란데
Palazzo Grande

광장을 둘로 나누고 있는 웅장한 하얀 궁전인 팔라초 그란데Palazzo Grande는 리보르노의 중앙 광장인 그란데 광장의 정중앙에 자리하고 있다. 팔라초 그란데Palazzo Grande는 북쪽 끝으로 리보르노 시청을, 남쪽 끝으로 두오모 대성당을 포함하고 있다. 그란데 광장과 팔라초 그란데를 방문하면 도시의 심장부에서 정통 이탈리아 요리를 즐기며 지나가는 사람들을 구경할 수 있다.

2차 세계대전 당시 리보르노의 구시가지가 대부분 파괴된 후, 도시의 중심부인 이곳은 현대적인 스타일로 재건되었다. 재건 계획은 하나는 그란데 광장을 둘로 나누는 것이었고, 또 하나는 전쟁으로 파괴된 왕족들이 머물던 유서 깊은 팔라초 그란두칼레를 현대적으로 재건하는 것이었다.

팔라초 그란데의 재건 작업은 1950년에 시작되어 불과 2년 안에 마무리되었다. 파사드와 포르티코는 붕괴되기 전의 팔라초에 대한 오마주를 표현하고 있다. 그외의 나머지 부분은 모두 현대적으로 재건되었다. 팔라초 그란데는 오늘날까지도 논란의 한가운데에 있다. 많은 주민들이 현재의 팔라초를 아름다운 광장의 경관을 해치는 눈엣가시로 여긴다. 팔라초 그란데는 설립 이래 다양한 목적으로 사용돼 왔다. 오늘날에는 회의실과 사무실, 전시실이 들어서 있다.

그란데 광장을 거닐다 보면 수많은 바와 카페, 상점들이 관광객들을 유혹한다. 가죽으로 유명한 이탈리아의 수제 신발과 가방을 비롯한 다양한 기념품을 둘러보고 생선과 조개를 넣은 토마토 스튜인 리보르노의 시그니처 요리 카치우코Cacciucco를 맛보는 것도 잊지 말자. 인근 시장에서 해산물을 구경하고, 항구에서 아름다운 경관을 배경으로 산책을 즐기는 것도 좋다.

주소_ Piazza Grande

공화국 광장
Piazza Della Repubblica

다양한 상점과 레스토랑으로 둘러싸인 공화국 광장Piazza Della Repubblica은 리보르노의 중심으로 해자를 가로지르고 있는 다리이기도 하다. 공화국 광장은 리보르노를 양분하는 중앙 거리인 비아 그란데의 한쪽 끝에 자리하고 있는 도심 광장이다. 위풍당당한 조각상과 아름다운 정원을 둘러보면서 여유를 즐기는 시민들을 볼 수 있다.

19세기 초반에 이탈리아의 건축가 루이지 베타리니에 의해 설계된 공화국 광장의 실체는 실은 거대한 다리이다. 오래된 도시 리보르노는 예로부터 해자를 이용해 외적의 침입에 대비하였다. 해자를 가로지르는 공화국 광장은 커다랗고 둥근 천장이라는 뜻의 '볼토네'라고 불린다. 보트 투어에 참여하여 리보르노의 운하를 누비면, 공화국 광장 바로 밑을 지나게 된다.

광장 양 끝에 서 있는 조각상은 포르테차 누오바에 가까운 쪽으로는 토스카나 대공 페르디난도 3세의 동상이다. 그 맞은편에는 페르디난도 3세의 아들이자 토스카나의 마지막 대공인 레오폴드 2세의 동상이 서 있다.

광장에 한 쪽 벽을 면하고 있는 거대한 저수 건물인 신고전주의 양식으로 건축된 치스테르니노를 볼 수 있다. 우아하게 보이는 건물은 1848년 도시의 급증하는 물 수요에 부응하기 위해 지어졌다. 원래의 목적은 콜로그놀레 수로에서부터 공급 받은 물을 터널과 파이프를 이용해 도시 구석구석으로 보내려는 것이었다. 건물은 계획대로 완공되었지만, 원래의 목적대로 사용되지는 못하고 지금은 극장과 행사장이 들어서 있다.

쇼핑과 다이닝의 중심지인 비아 그란데 거리를 거닐면 광장을 둘러싸고 있는 수많은 카페와 레스토랑에서는 정통 이탈리안 요리를 즐길 수 있다. 가죽으로 유명한 이탈리아의 수제 기념품에 눈길이 간다.

주소_ Piazza Della Repubblica

189

유대교회당
Terrazza Mascagni

리보르노 유대사의 산 증인인 유대교회당Terrazza Mascagni은 화려한 외관으로 보는 이들을 압도한다. 현대적인 건축의 전형인 리보르노의 유대교회당은 리보르노 유대 공동체의 상징이다. 오늘날의 유대교회당은 2차 세계대전 당시 파괴된 회당의 정신을 기리며 유대 공동체의 중심지로 남아 있다.

유대교회당Terrazza Mascagni이 1603년에 최초로 건립된 이후 리보르노의 유대인 공동체는 17세기 이후부터 규모가 커지기 시작했다. 유럽 전역에서 광범위한 유대인 박해가 일어나고 있을 당시, 리보르노의 유대인들은 재산의 소유와 종교의 자유를 누릴 수 있었다. 유대인 인구가 늘어남에 따라 회당도 더욱 화려해지고 규모도 커졌다. 이윽고 리보르노의 유대교회당은 유럽 전역의 왕족과 지도자들이 즐겨 방문하는 명소가 되었다.

2차 세계대전 당시 리보르노의 90%가 파괴되었으며, 유대교회당도 예외는 아니었다. 연합공군의 폭격을 맞은 회당은 거의 대부분 파괴되었다. 그 후 회당의 재건은 1962년에 시작되었는데 기존의 회당이 있던 자리에 그대로 세워진 새로운 회당은 미래를 향한 희망을 상징하는 현대적인 양식으로 지어졌다. 출애굽기의 장막을 본따 설계된 새로운 회당은 측면이 6각형 창문으로 장식되어 있다.

내부로 들어가면, 창문을 통해 쏟아져 들어오는 빛이 중앙의 널따란 기도실을 가득 채운다. 기도실 끝자락에는 앤티크 금으로 정교하게 조각된 토라궤가 자리하고 있다. 회색으로 칠해진 천장의 반짝거리는 구멍들은 흡사 밝게 빛나는 빗방울과도 같아 보인다. 유대교회당은 리보르노의 여러 유대인 조직과 유대 기록관의 보금자리로 정기적으로 예배가 거행되며, 특강과 공연을 비롯한 다양한 행사도 열린다.

주소_ Viale Italia 139 Terrazza Mascagni
전화_ +39-0586-894236

카스텔로 델 포칼레
Castello del Boccale

바위 해안의 훌륭하게 복원된 카스텔로 델 포칼레Castello del Boccale를 방문하여 사람의 손길이 닿지 않은 자연 풍경을 볼 수 있다. 투명한 티레니아 해의 바닷물에서 해수욕을 즐기고, '해적의 만'의 아름다운 전경을 둘러보자. 바위 절벽 위의 그림 같은 성을 카메라에 담고, '해적의 만'이라 불리는 아름다운 에트루리아 해안의 전경을 보면서 여행의 피로를 풀 수 있다.

카스텔로 델 포칼레Castello del Boccale는 리보르노의 남쪽 해안을 수놓고 있는 오래된 요새와 감시탑으로 과거에 해적으로부터 도시를 보호했다. 차를 타고 해안을 따라 달리며 푸르른 지중해 바다와 초목으로 뒤덮인 분홍빛 암석과 절벽을 감상하는 명소로 바뀌었다.

목적지에 도착하면, 2줄로 난 창문과 3개의 둥근 탑으로 된 카스텔로 델 포칼레의 웅장한 전경이 인상적이다. 16세기, 강력한 권세를 누리던 메디치 가문에 의해 감시탑으로 지어진 성은 19세기 말엽에 이르러 신 중세 양식의 주택으로 개조되었다. 최근에 이르러 다시 한번 개조를 거친 성은 주거용 건물로 거듭났다. 옆에는 비교적 최근에 증축된 사각 탑이 서 있다.

암석의 남쪽 노출부로 가서 지중해를 배경으로 웅장하게 솟은 성을 한눈에 담아 보면서 한적하고 조용한 이곳에서 야외 소풍을 즐기는 것도 좋다. 더운 날에는 스노클링 장비를 장착하고 투명한 물속으로 뛰어들어 바닷 속 생물을 관찰해 보자. 해질 무렵에는 성 뒤쪽으로 시시각각 변하는 하늘의 색을 카메라에 담아 보면 아름다운 사진을 얻을 수 있을 것이다.

카스텔로 델 포칼레는 리보르노 남쪽으로 9㎞ 떨어진 곳에 위치하고 있어서 버스나 렌터카를 이용하여 갈 수 있다. 구불구불 해안선을 따라 15분을 이동하면 성이 나온다. 이곳에서 남쪽으로 2.9㎞ 떨어진 카스텔로 손니노를 함께 방문하는 것이 효율적이다. 카스텔로 델 포칼레와 카스텔로 손니노 사이를 왕복하는 버스를 이용하면 된다.

주소_ Strada Statale 1 Aurelia

Pisa

피사

피사의 사탑으로 유명한 피사는 리쿠리아 해 아르노 강둑에 자리한 복잡한 항구도시이자 중요한 대학도시이기도 하다. 지금은 피사를 세계 문화유산으로 지정된 피사의 사탑과 두 오모를 보기 위해 찾는다. 푸른 잔디 위에 하얀 대리석이 아름다운 피사는 지동설을 주장한 갈릴레이가 태어난 곳이기도 하다.

간략한 피사의 역사

11세기 말에 제네바, 베네치아와 대립하는 강력한 해상 공화국으로 위상이 높은 도시였다.

12세기에는 십자군 선생에 심가하였고 스페인과 북아프리카와의 교역은 피사에 막대한 상업적인 부를 안겨 주었다.

1284년, 제노바에 패한 후 쇠락하기 시작해 1406년에 피렌체에 정복당하기도 하였지만 문화의 중심지로 계속 번영했다.

캄포 산토 납골당

산조반니 세례당

피사 대성당

두오모(미라콜리) 광장

피사으

산타 마리아 문

피사의 사탑
Torre Pendente

'피사Pisa'라는 단어를 들으면 누구나 생각나는 단어가 피사의 사탑이다. 서 있는 것이 신기할 정도로 위태롭게 기울어 있는 이 탑은 12세기 부유한 해상 공화국을 이룩한 피사의 영광을 기념하기 위해 두오모의 부속 건물로 건설하기 시작한 것이다. 그러나 1173년에 시작된 공사는 3층이 완성되기도 전인 1274년부터 기울기 시작해 공사가 중단됐다가 1350년에 지금의 모습인 8층탑으로 완성되었다.

처음에는 탑이 기우는 이유를 기초 공사로 보고 2층부터는 수직으로 짓기 시작했으나 탑은 계속해서 기울어졌다. 탑은 몇 백 년에 걸쳐 조금씩 기울어져 지금은 눈으로도 구분될 정도로 많이 기울었는데, 지반이 약한 충적토인 피사의 지질 때문에 기울어지는 것으로 알려지고 있다.

탑은 완공 당시인1350년에는 수직으로부터 1.4m가 기울었고, 매년 1mm씩 더 기울어져 1995년 수직에서 5.4m가 기울어졌다. 1990년부터 붕괴의 위험이 증가되어 관광객의 입장이 금지되었고 11년에 걸친 보수공사를 한 끝에 2001년 12월에 다시 개방하였다. 보수공사가 시작될 당시만

해도 사탑의 기울기극 바로잡는 것이 힘들 것이라는 전망이 많았지만 공사 팀은 탑의 기울기를 44cm 바로 잡아 1838년의 상태로 돌려놓는데 성공했다.

중력이 법치을 무색하게 만드는 이 딥의 꼭대기에서 갈릴레이는 무게가 다른 물체라도 같은 속도로 떨어진다는 중력 실험을 했다고 전해진다.

주소_ Pisa del Duomo, 56126
시간_ 8시 30분~22시(6월 17일~8월 31일 / 9월. 9시부터 / 10월 19시까지 / 11~3월 9~18시)
요금_ 21€

두오모 성당
Duomo di Pisa

토스카나 지방에서 가장 훌륭한 로마네스크 양식의 아름다운 성당으로 알려져 있다. 지금은 피사라고 하면 누구나 사탑을 떠올리지만 사탑은 두오모의 종탑으로 지어진 부속건물에 불과하다. 두오모는 팔레르모 해전의 승리를 기념하기 위해 1064년 착공하여 13세기에 완성된 것으로 4단 정녀는 기둥과 블라인드 이게이드가 혼합되어 있다.
내부는 68개 가둥으로 구성되었다. 사탑

과 마주하고 있는 교회당 청동문은 보나노 피사노가 설계하였지만 16세기 화재로 전소되자 지암 볼로냐가 다시 설계하였다. 1153년에 착공한 대리석 예배당은 완성하는데 200년이 걸려 만든 대작이다. 조반니 피사노가 설계한 매력적인 고딕 양식의 설교단과 헨리 7세의 무덤이 있다. 설교단 앞에는 갈릴레이가 흔들리는 램프를 보고 진자의 원리를 발견한 계기가 된 '갈릴레이의 램프'가 있다.

주소_ Pisa del Duomo, 5612610
시간_ 10~20시(4~9월 / 10일은 10시까지 /
　　11~3월은 18시까지)
요금_ 무료

으로 완성되었다. 니콜라 피사노가 만든 세례당과 설교단은 '그리스도의 탄생, 십자가에 매달린 예수, 최후의 심판' 등이 조각되어 있다.

세례당
Battistero

두오모 앞에 독립적으로 서 있는 우아한 세례당은 1153년에 로마네스크 양식으로 착공된 것이었으나 1세기 후에 니콜라 피사노와 조반니 피사노에 의해 고딕 양식

주소_ Pisa del Duomo, 5612610
시간_ 8~20시(4~9월 / 10월은 9~19시 / 11~3월은 9~18시까지)
요금_ 9€

Montalcino

몬탈치노

시에나Siena에서 남쪽으로 40㎞ 정도 떨어져 있는 몬탈치노Montalcino는 800년경에 처음 정착이 시작되었다. 중세 시대의 거점으로 성장했으며 후에 브루넬로 디 몬탈치노Brunello di Montalcino 와인의 생산으로 세계적인 명성을 얻었다.

와인의 향기에 취하는 몬탈치노

세계 최고의 와인 중 하나인 브루넬로 디 몬탈치노로 유명한 몬탈치노는 30분만 걸으면 마을을 다 돌아볼 수 있을 정도로 작은 마을이다.

작은 마을 안에는 브루넬로 와인을 즐길 수 있는 많은 와인샵, 에노테체가 저마다 자리를 잡고 있다. 와인에 관심이 있던 없던 몬탈치노에 방문하게 되면 꼭 마셔보기를 추천한다.

한눈에 몬탈치노 파악하기

포도 재배로 유명한 언덕 위 마을은 장엄한 요새와 교회, 광장으로 채워진 벽으로 둘러싸인 구시가지가 있다. 와인, 역사, 자연을 사랑하는 사람들이 그림 같은 몬탈치노Montalcino 마을을 찾는다. 토스카니Tuscany의 빌 도르시아Val d'Orcia 위쪽 언덕에 자리 잡고 있는 몬탈치노는 와인 가게인 에노테체Enotece, 고대 유적지, 박물관이 혼합되어 있다.

벽으로 둘러싸인 역사적인 지역의 십자형 교차로와 계단은 걸어서 돌아다니면서 중세 분위기를 느끼기에 적당하다. 1300년대에 지어진 요새인 몬탈치노 요새Fortezza di Montalcino에서 주위를 둘러보자. 탑과 성벽에서는 주변의 계곡, 포도원, 과수원의 전망을 즐길 수 있다.

요새에서 포폴로 광장Piazza del Popolo까지 길을 따라 가면 아치형의 로지아Loggia와 시청 청사인 프리오리 궁전Palazzo dei Priori 등 건축물을 볼 수 있다. 근처에는 주목할 만한 코린트 양식의 입구와 골동품 컬렉션으로 유명한 키에사 디 산타고스티노Chiesa di Sant'Agostino와 몬탈치노 대성당Montalcino Cathedral이 있다.

도시의 유서 깊은 건물들이 공간을 차지하고 있다. 시간을 내서 브루넬로 디 몬탈치노 와인을 즐기거나 카페 테라스에서 커피를 마시면서 여유를 즐겨보자.

몬탈치노 요새
Fortezza di Montalcino

몬탈치노는 요새의 두시라고 할 정도로 요새는 몬탈치노에서 상징과도 같은 존재이다. 재즈 와인 페스티벌과 마을의 축제에는 항상 요새에서 축제가 열린다. 성채에서 바라보는 토스카나 지방의 풍경을 360도로 바라볼 수 있는 몇 안 되는 장소이기도 하다.

주소_ Piazzale dello Fortezza, 53024

프리오리 궁전
Palazzo dei Priori

현재는 시청사로 사용되고 있는 우리가 생각하는 궁전과는 완전히 다른 모습이다. 시계탑에 높이 있는 건물이 궁전인데 13세기에 건설되어 작은 마을의 정치적인 일들을 처리했다.
성곽도시인 만큼 화려한 궁전보다는 마을을 지킬 목적으로 적을 감시하는 목적으로 만들어져 몬탈치노의 모든 일을 처리하는 공간이다.

그레베 인 키안티 (Greve in Chianti)

피렌체와 시에나 도시 사이에 위치한 그레베 인 키안티Greve in Chianti는 토스카나에서 포도밭으로 가장 아름다운 작은 도시일 것이다. 키안티는 넓은 들판에 포도나무와 올리브나무가 쭉 늘어선 풍경이 있는 곳이다. 토스카나의 찬란한 햇빛을 받은 포도로 만든 키안티 와인이 유명한 곳이다.

이곳의 마을들은 중세의 모습을 유지하며 그때나 지금이나 포도밭과 올리브나무를 지켜나가고 있다. 키안티의 와이너리는 할아버지가 아버지에게로, 아버지가 아들에게로 전통의 가치를 이어 나가는 곳으로 가치를 아는 사람들이 키안티 와인의 깊은 맛을 느끼기 위해 언제나 이곳을 찾아온다. 토스카나의 넓은 언덕을 따라 조용히 불어오는 바람과 여유로운 사람들 시끄러운 포도향을 느끼고 싶을 때가 있다. 토스카나 햇살이 가득 담긴 와인과 함께 키안티를 즐겨보는 것은 새로운 경험을 할 수 있을 것이다.

이곳에서 대체로 생산하는 와인은 비노 노벨레 디 몬테풀치아노다. 90%의 산지오 베제를 사용하고 카나이올로를 블렌딩한 와인으로 체리와 자두, 바이올렛 아로마 향이 느껴진다. 비노 노벨레 디 몬테풀치아노는 1960년 대 이후 처음 포도나무를 식재해 만든 와인의 고급화를 이룬 지역이다. 농익은 과일 풍미와 함께 토양의 영향으로 부드럽게 목넘김이 와인을 처음 접한 사람들도 마실 수 있다.

San Gimignano

산 지미냐노

토스카나 들판을 달리다 보면 포도밭과 올리브나무 언덕 위로 우뚝 솟은 산 지미냐노^{San} Gimignano를 볼 수 있다. 산 지미냐노는 잘 보존되어있는 12개의 성곽들이 있어, 중세 건축으로 유명한 탑의 도시이다. 작은 마을이지만 곳곳에 솟아 있는 중세의 탑들과 구불구불 골목길을 걷는 재미가 있다.

작은 마을이 탑의 도시로 불리는 이유는 당시 귀족들이 저마다 자신의 권세를 과시하기위해, 경쟁적으로 쌓아올리면서 시작되었다. 그 결과 중세 시대가 끝날 무렵 귀족들은 무려 72개의 탑을 건설했다고 한다. 하지만 번성했던 산 지미냐노는 페스트, 즉 흑사병의 피해를 받아, 도시 인구의 절반 가까이가 사망하며 쇠퇴하기 시작했다. 그 후에 발전이 더디게 이루어지면서 중세마을로 보존되었으며, 역사적 가치를 인정받아 세계문화유산에 등재되면서 관광지로 발돋움하게 되었다.

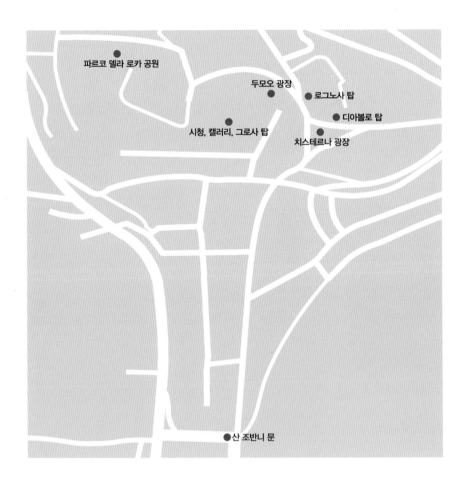

도시 전체가 유네스코 세계문화유산으로 지정된 역사적인 도시를 그저 발길 가는대로 걸어보자. 14개의 탑들이 스카이라인을 만들어내는 산 지미냐노는 천천히 산책하면 세월의 흔적이 만들어낸 도시를 느끼기 좋다. 중세의 멋과 차분함을 만끽할 수 있는 산 지미냐노에서 호젓한 한 때를 보내면서 넓게 펼쳐진 포도밭과 올리브나무, 능선의 언덕 위로 솟은 붉은 지붕의 탑들이 한 폭의 풍경화를 선물 받을 수 있다.

시청 사탑 올라가기

산 지미냐노에서 가장 높은 시청사탑(그로사탑)에 올라가면 토스카나 전원과 마을 전경을 모두 내려다 볼 수 있다.
치스테르나 광장 분위기 즐기기 광장 한 가운데에 있는 중세 우물가에 앉아서 조용해보이지만 생각보다 유쾌한 마을의 분위기를 즐겨보는 것도 관광객이 누리는 즐거움이다.

돈도리 젤라또

젤라또 월드챔피언을 2번이나 수상한 산 지미냐노 최고의 맛집에서 견과류와 과일맛 젤라또를 꼭 먹어보자. 적은 돈으로도 행복하게 맛있는 느낌을 받을 것이다.

San Quirico d'Orcia

산 퀴리코 도르시아

산 퀴리코 도르시아San Quirico d'Orcia는 궁전, 파스텔 색상의 집, 광장, 자갈로 덮인 골목길이 있는 언덕 위에 따로 떨어져 있는 중세 마을이다. 시에나에서 차로 약 1시간, 피렌체에서는 약 2시간 거리에 있다.

4월에 있는 오르시아 와인 축제Orcia Wine Festival 때는 유명한 투스카니 와인을 맛볼 수 있고, 6월에 열리는 바르바로사 축제Feast of Barbarossa 때는 가장 행렬을 하고 중세 전투를 재현하는 모습을 볼 수 있다.

한때 로마와 북유럽 사이의 비아 프란치제나Via Francigena를 지날 때 순례자들이 머무르는 곳이었으나 지금은 토스카나의 느낌을 가장 잘 느낄 수 있는 마을이다. 발 도르시아의 푸르른 풍경 사이에 자리해 있는 산 퀴리코 도르시아San Quirico d'Orcia는 건축물, 방어벽이 마을을 둘러싸고 있다. 시간을 내 상록수, 올리브 나무, 포도원이 있는 교외의 풍경을 감상하면 마음의 평화를 얻을 수 있을 것이다.

성벽으로 둘러싸인 마을의 중세 지구 안에 관광지가 있다. 포르타 카푸치니Porta Cappuccini, 포르타 누오바Porta Nuova 등 4개의 출입구 중 하나를 통해 들어가 도보로 걸으면서 거리를 구경해 보자. 비아 단테 알리기에리Via Dante Alighieri의 좁은 길은 역사 지구 가운데를 관통한 다. 잠시 멈춰서서 부티크, 갤러리, 카페, 피자가게가 들어서 있는 알록달록한 집들을 눈에 담아보자.

비아 단테 알리기에리의 가운데에 자유의 광장Piazza della Liberta이 있다. 르네상스 시대의 조 각가 안드레아 델라 롭비아의 마돈나 상이 있는 키에사 디 산 프란체스코Chiesa di San Francesco 를 보면 기하학적인 오르티 레오니Horti Leoni 정원이 완벽하게 다듬어진 모습을 보면 감탄하 지 않을 수 없다.

산 퀴리코 대학교회

시청

산 프란체스코 성당

오르티 레오니 정원

산타 마리아 아순타 교회

산 퀴리코 대학교회
Collegiata dei Santi Quirico e Giulitta

1,100년대 후반에 세워진 교회에는 바로크, 고딕, 로마네스크 양식이 혼합되어 있다. 교회 근처에는 17세기 청사인 치기 궁전Palazzo Chigi이 있다.

비아 단테 알리기에리의 반대쪽 끝에는 소박한 산타 마리아 아순타 교회Chiesa di Santa Maria Assunta가 있다. 비아 프란체제나를 순례하는 순례자를 위한 주택으로 사용되었던 오스페달레 델라 스칼라Ospedale della Scala가 근처에 있다.

산 퀴리코 도르시아
주위의 풍경

Pienza

피엔차

토스카나의 상쾌한 시골 지역 한가운데 놓인 르네상스 도시인 피엔차Pienza는 동화책에 나오는 언덕 마을로, 토스카나의 시에나Siena 지방에서 인기 있는 관광지이다. 원래 '코르시냐노Corsignano'라고 불렸던 피엔차는 에네아 실비우스 피콜로미니Enea Silvius Piccolomini의 비전에서 탄생한 이탈리아 최초의 계획 도시이다.

1458년 교황 비오 2세가 즉위한 이후 피콜로미니는 웅장한 성당, 궁전, 광장을 갖춘 르네상스 도시를 조성하기 시작했다. 현재 피엔자는 유네스코 세계 문화유산으로 등재되어 있으며 성벽으로 둘러싸인 구시가지는 중세의 분위기를 물씬 풍기고 있다.

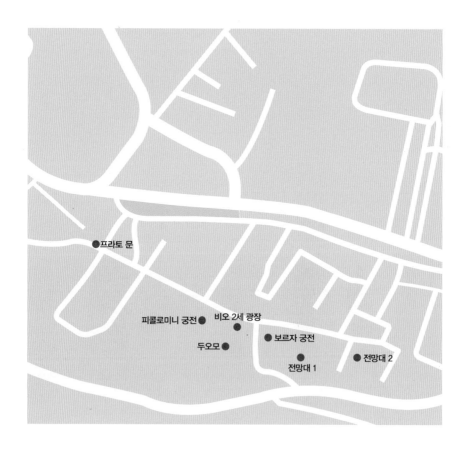

한눈에 피엔차 파악하기

역사 지구의 중심 광장인 비오 2세 광장Piazza Pio II에서 대부분 여행을 시작한다. 경외심을 갖게 만드는 피엔차 성당은 시에나 화파Sienese School의 화가들이 모여 작업한 결과이다. 벽돌로 포장된 거리는 비오 2세 광장에서 뻗어 나와 덧창과 꽃이 만발한 발코니가 있는 집들로 특색을 이루고 있는 예쁜 광장까지 연결된다. 도시가 개조되기 이전에 세워진 중세 건축물인 산 프란체스코 교회Church of San Francesco도 볼 수 있다.

도시 성벽의 외부를 거닐다 보면 포르타 알 프라토Porta al Prato를 비롯한 인상적인 관문 앞까지 오게 된다. 산중턱에 자리한 로마네스크 양식의 교회인 피에베 디 코르시냐노Pieve di Corsignano에서 잠시 머무르며 발 도르시아의 올리브 나무와 포도원의 아름다운 풍경을 둘러보자.

피에라 델 카초(Fiera del Cacio)

현지에서 생산되는 페코리노 치즈를 기념하는 축제인 피에라 델 카초(Fiera del Cacio)는 9월 초에 시작한다. 이때가 피엔차의 여행 적기이고 많은 관광객이 찾아온다. 치즈를 굴리는 팔리오 델 카초 푸소(Palio del Cacio Fuso) 경기를 볼 수 있기도 하다. 축제 때 열리는 시장에서 페코리노 치즈를 맛볼 수 있다.

도시안 주차 금지
주차장은 성벽으로 둘러싸인 구역 밖에서 유료로 이용할 수 있으며 지정된 자전거 주차 공간도 있다.

221

비오 2세 광장
Piazza Pio II

교황 비오 2세는 피엔차를 재건하기를 원했다. 그
가 처음으로 1459~1462년까지 광장을 둘러싼 건
축물을 지으면서 광장은 활성화되고 멋진 건축물
로 둘러싼 인상적인 광장이 탄생했다. 광장의 시계
탑에는 15세기에 그려진 성모 마리아 작품이 전시
되고 있다.

두오모
Duomo

교황 비오 2세의 명령에 따라 오래된 로마네스크 성당이 있던 자리에 1459년 성

모 마리아를 위한 성당으로 베르나르도 로셀리노Bernardo Rosellino가 설계했다.

15세기에 활동한 조반니 디 파울로, 로렌체 디 피에트로 등의 화가가 남겨 놓은 그림이 전시되어 있어 당시에 교황이 피엔차에 쏟은 열정을 알 수 있다.

피콜로미니 궁전
Palazzo Piccolomini

비오 2세 교황과 그의 가족을 위한 여름 휴양지로 지어진 피콜로미니 궁전Palazzo Piccolomini은 15세기에 지어졌다. 현재는 박물관으로 사용되고 있다. 궁전의 잘 손질된 정원에서 발 도르시아Val d' Orcia 계곡의 탁 트인 전망을 볼 수 있다.

보르지아 궁전
Palazzo Borgia del Casale

광장 동쪽에는 보르지아 궁전Palazzo Borgia 이 있으며 이곳의 교구 박물관Diocesan Museum에는 13~19세기까지의 예술품과 장신구를 전시하고 있다.

Montepulciano

몬테풀치아노

몬테풀치아노Montepulciano는 이탈리아 토스카나 주에 있는 작은 마을이다. 그러나 토스카나 지방에서 세계적으로 유명한 와인과 돼지고기, 치즈, 렌즈 콩, 꿀 등 다양한 식품을 생산하는 생산지이다. 이탈리아에서 최고의 품종에 속하는 포도로 만든 와인이 바로 '비노 노빌레 디 몬테풀치아노Vino Noville di Montepulciano'이다. 부드럽게 목넘김이 있지만 진한 향이 느껴진다.

전 세계적으로 인기 영화였던 '트와일라잇'의 속편인 '뉴 문New Moon' 촬영지로 알려지기 시작했다. 주인공 벨라가 에드워드를 찾기 위해 방문했던, 뱀파이어 수장의 도시 '볼테라'의 배경이 되는 곳이다.

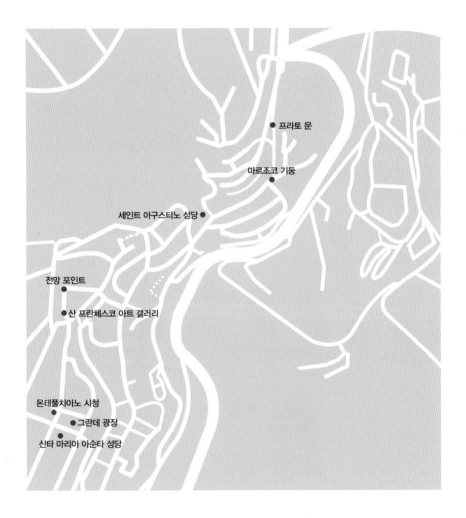

그란데 광장
Piazza Grande

몬테풀치아노에서 가장 유명한 광장으로 영화 '뉴 문'의 배경으로 나왔다. 중세 시대에서 시간이 멈춘 듯, 작고 아름다운 광장이다. 광장은 공식적으로 '비토리오 에마누엘레 광장Piazza Vittorio Emanuele'이라고 이름 지어졌지만 누구나 그란데 광장Piazza Grande이라고 부른다. 도시의 가장 중요한 광장으로 주위에서 건물들이 둘러싸고 있다.

금욕 집이 14 세기 말에 시작되어 피렌체 르네상스 건축가 미첼로 초Michelozzo가 1424년에 현재 양식으로 서쪽에 서 있다.

전투가 끝난 탑과 타워의 모양을 가진 팔라초 베키오 궁전은 피렌체에서 대칭방향으로 맞추었다. 궁전의 1층에는 로지아가 있고, 궁전과 인접한 곳에는 1520년에 세워진 분수대가 있으며 에트루리칸Etruscan 기둥 2개와 메디치Médici 외투를 갖춘 2마리의 라이온이 있다.

///

주소_ Piazza Grande, Montepulciano

발도르차 전망대(Val d'Orcia)
몬테풀치아노의 꼭대기에 위치한 전망대로 토스카나 발도르차의 평원을 내려다볼 수 있다.

두오모 대성당
Duomo

이폴리토 스칼차Ippolito Scalza가 디자인 한 현재의 두오모Duomo는 1592~1630년 사이에 이전의 교구 교회에 세워졌다. 더 장식적인 조각이 있는 외관의 거친 석조물은 미완성 상태로 남겨졌다. 출입구 왼쪽의 안쪽에는 초기 르네상스 인물이 있다. 사노 디 피에트로 기둥의 마돈나 작은 새를 들고 있는 통통한 빨간 머리 예수와 함께 마리아에 대한 작지만 아름다운 그림이 있다.

주소_ Piazza Grande, Montepulciano

리씨 거리
Via Ricci

성문을 들어서면서 마을의 중앙 도로를 '리씨 거리Via Ricci'라고 부른다. 좁은 도보 거리를 따라 다양한 상점들과 레스토랑, 바Bar들이 늘어서 있다. 특히 비노 노빌레 디 몬테풀치아노 와인을 마셔보기 위해 시음과 판매를 하는 와이너리에서 상점도 같이 운영하고 있으니 꼭 방문해보자. 시음하기 와인으로 유명한 토스카나의 마을답게, 와인이 아주 유명하여 와인에 관심이 없어도 시음의 기회를 가져보기를 바란다.

Spello

스펠로

이탈리아 움브리아 주 페루자도
에 위치한 작은 마을 스펠로Spello
는 꽃의 도시로 유명하다.
아시시에서 남동쪽 10㎞ 거리, 아
시시에서 기차를 타고 20분 거리
에 있는 스펠로는 과거에 '히스펠
룸Hispellum'이라고 불리기도 했다.

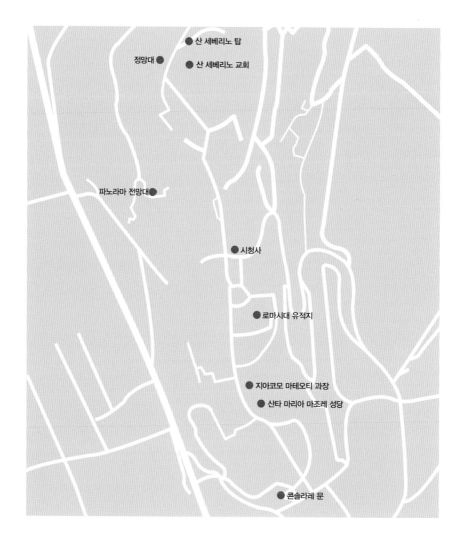

마을이 예쁜 이유

매년 6월 열리는 꽃 축제로 인해 꽃의 마을이라고 불리는 스펠로Spello는 테라스를 가장 예쁘게 꾸미는 집을 뽑아 증표를 주기 때문에, 주민들은 항상 집을 꽃으로 가꾸고 있다. 축제 기간에는 꽃으로 만든 카펫이 길에 깔리고, 마을이 꽃으로 가득 차게 된다. 꽃과 아기자기한 마을을 좋아하는 여행자는 작은 마을에서 오래 머무는 상황에 직면할 수 있다.

인피오라타(Infiorata) 꽃 축제

스펠로를 방문하기에 가장 좋은 시기는 꽃들이 활짝 피우는 봄이다. 특히 5월말~6월초에 성체 축일Corpus Christi에 열리는 꽃 축제가 스펠로의 가장 큰 축제이다.

스펠로의 거리는 다양한 색체의 꽃과 향기로운 허브로부터 따낸 꽃잎들로 수놓은 아름다운 태피스트리Tapertry와 모자이크 작품들로 뒤덮인다. 축일날 꽃길 위로 꽃처럼 희생의 삶을 살다간 예수의 몸인 '성채'행렬이 지나간다. 꽃길을 걸으면서 사람들은 꽃처럼 아름답게 살자고 다짐한다.

콘솔라레 문
Porta Consolare

1세기에 로마의 식민지가 되면서 스펠로
는 도시의 기초가 형성되었다. 성을 만들
고 그 안과 밖이 연결되는 문이 콘솔라레

문 Porta Consolare 이다.

스펠로 성의 남문인 콘솔라레 문은 여행
의 시작점이다. 오른쪽에 시간을 알려주
는 종탑이 있고 중앙에 3개의 아치가 배
치되어 있다.

주소_ Piazza Kennedy, 06038

시청사
Palazzo Comunale

골목을 따라 위로 올라가면 공화국 광장
이 나오고 광장을 둘러싼 건물에서 가장

큰 건물이 시청사 건물이다. 1270년에 처
음 지어져 16세기에 증축이 이루어지면서
광장 앞에 분수도 설치되었다.

주소_ Piazza Kennedy, 06038

아름다운
스펠로

Northern Italy

이탈리아 북부

Cinque Terre | 친퀘테레

Torino | 토리노

Genova | 제노바

Portofino | 포르토피노

Verona | 베로나

Sirmione | 시르미오네

Como | 코모

Cinque Terre

친퀘테레

친퀘테레

이탈리아 리비에라 지방, 리구리아 주에 자리하고 있는 매혹적인 5개 도시로 이루어진 지역이 친퀘테레Cinque Terre이다. 그림 같은 고기잡이 항구와 반짝이는 지중해의 바닷물에서 눈을 돌리면, 언덕 위에 자리 잡고 있는 파스텔 색의 중세 양식의 건물들을 계단식 포도원과 올리브나무 숲이 감싸고 있다. 아름다운 항구와 멋진 풍경이 펼쳐지는 산책로, 유서 깊은 건물들과 반짝이는 지중해는 친퀘테레Cinque Terre가 이탈리아 리비에라 지방의 보석인 이유이다.

친퀘테레Cinque Terre는 지역 전체가 국립공원이자 해양보호 구역일 뿐 아니라, 세계적으로도 '인류의 공동 유산'으로 지명되어 보존되고 있다. 그래서 마을들은 개발을 거치지 않고 로마 시대로부터 전해져 내려온 전통을 보존하고 있다.

가장 큰 마을인 몬테로소 알 마레Montersso al marre의 해변에서 일광욕을 즐겨 보자. 코르닐리아Corniglia 마을의 계단을 올라 미로와 같은 골목길을 거닐다 보면 14세기 교회당과 멋진 전망대가 나온다. 마나롤라Manaola 마을은 친퀘테레를 대표하는 풍경으로 유명한 사진 마을이다. 리오마오레Riomaggiore의 항구의 식당에서 유명한 친퀘테레 해산물 요리를 즐겨 보는 것도 추천한다.

하이킹

해안을 따라 각 마을을 연결하는 길들은 아름다운 풍경을 선사한다. 날을 잡고 몬테로소 알 마레Montersso al marre에서 리오마조레Riomaggiore까지 걸어가보자. 마나롤라Manarola와 리오마조레를 잇는 연인의 길Biadelamor는 포장이 잘 돼 있어 걷기에 좋을 뿐 아니라 휠체어가 이동하기에도 좋다.

철도

라스페치아와 레반토는 철도로 연결되어 있다. 친퀘테
레 카드를 구입하면 기차의 탑승과 산책로를 무제한으
로 즐길 수 있다.
4~10월까지는 코르닐라^{Corniglia}를 제외한 모든 마을 사
이를 여객선이 오간다. 주차는 마을 밖에만 가능하며,
마을 안까지는 무료 셔틀 버스를 이용해야 한다.

구간	거리	열차 이동 시간	하이킹 시간	하이킹 난이도
리오마조레 ↔ 마나롤라	1km	3분	20분	하
마나롤라 ↔ 코르닐리아	2.8km	4분	1시간	중
코르닐리아 ↔ 베르나차	3.4km	4분	1시간 30분	중~상
베르나차 ↔ 몬테로소	3.8km	5분	2시간	상

> 친퀘테레 카드
>
> 5개의 친퀘테레 마을을 둘러보는 것을 도와주는 카드이다. 카드의 구입은 라스펠리아 역을 포함한 5개
> 마을의 기차역에서 구입이 가능하다. 친퀘테레 카드와 트레킹과 기차로 이동하는 트레노 카드가 있다.
> 친퀘테레 카드를 구입하면 기차 시간표도 같이 받을 수 있다.
>
> 기본 카드는 산책로, 에코 버스, 와이파이를 사용할 수 있고 기차 카드는 라스페치아부터 친퀘테레 5개
> 마을을 거쳐 레반토 구간까지의 기차 2등석을 이용할 수 있다.

리오마조레
Riomaggiore

이탈리아 출신의 화가 텔레마코 시뇨리 니가 영감을 받았다고 알려진 곳이다. 절벽 바위 위의 빨강, 노랑, 분홍의 파스텔톤 집들이 이국적인 느낌을 준다. 해안선을 따라 절벽길에는 사랑의 샛길이라고 부르는 델아모레가 있고 리오마조레와 마나롤라를 연결하고 있다.

몬테로소 알 마레
Montersso al Mare

친퀘테레에서 가장 북쪽에 위치한 마을
이자 규모가 가장 큰 마을이다. 기차역도
있지만 자동차로 주차를 하고 걷거나 기

차를 타고 다른 마을로 이동하는 거점 마
을역할을 한다.

여름에는 해변을 즐기려는 사람들로 항
상 북적이고 축제도 이곳의 광장에서 이
루어진다. 친퀘테레를 대표하는 마을이지
만 사진에는 다른 마나롤라 마을이 나와
이곳 주민들은 불만을 나타내기도 한다.

마나롤라
Manarola

절벽 위에 상자들을 촘촘하게 쌓아놓은
것 같은 동화같은 마을이다. 포도주 생산
이 유명한데 '델아모레'를 따라 포도밭과
산길이 이어져있다. 14세기에 건설된 산
로렌초 성당을 볼 수 있다.

코르닐리아
Corniglia

코르닐리아Corniglia는 친퀘테레Cinque Terre 트레일 중간에 있는 마을로, 5개 마을 중 유일하게 해안에 바로 인접해 있지 않은 마을이다.

항구가 없어 코르닐리아는 바다보다는 내륙에 붙어 있는 것처럼 보인다. 반짝이는 푸른 바다가 내려다보이는 절벽 높은 곳에 붙어서 자리한 파스텔 색의 집들이 인상적이다.

기차로 코르닐리아Corniglia에 도착하면 마을의 중심까지 이어지는 377개의 지그재그 계단을 마주하게 된다. 라르다리나 계단Scalinata Lardarina은 트랜이탈리아Trenitalia 역부터 정상까지 이어진 계단으로, 리구리아 해Ligurian Sea의 맑고 아름다운 풍경을 볼 수 있다. 종종 멈춰서 옆 마을인 마라롤라Manarola까지 한눈에 펼쳐지는 멋진 풍경을 사진에 담는 관광객이 대부분이다.

베르나차
Vernazza

1080년에 출몰하는 해적의 침략을 막기 위해 해군의 거점으로 삼았던 마을이다. 이후에는 항구, 함대, 군인들이 머무르는 군사 마을로 인식되던 곳이다.

다른 마을들과 마찬가지로 포도주 생산이 유명하다. 항구는 작지만 파스텔톤의 십늘이 소화롭게 오밀조밀 모여 있다.

해적의 침입을 막기위해 도리아성Castello dei Doria이 서 있고 벨포르테 탑도 지금은 전망대이지만 적의 침입을 알려주는 역할을 수행했다.

Torino

토리노

Torino

토리노

대부분의 관광객은 수도인 로마와 북부의 대표적인 도시인 밀라노로 여행을 떠나지만 이탈리아 북부의 알프스 산기슭에 우뚝 솟은 토리노를 스쳐 지나가는 경우가 많다. 토리노가 밀라노에서 서쪽으로 이동해야 하기 때문에 남쪽으로 이동해야 하는 이탈리아 여행코스와 맞지 않기 때문이다. 과거 이탈리아 사보이 왕가가 통치한 토리노는 화려한 유산을 간직해 인상적인 북부 도시이다.

사보이 왕가의 영향력

도시 곳곳에서 찾아볼 수 있다. 토리노 왕궁은 사보이 왕가의 생활 양식이 잘 보존된 장소로, 무기 전시실은 유럽에서도 꼽힐 만큼 훌륭하다. 역사와 왕실 문화, 건축 양식이 매력적인 토리노에서 세계 최고의 왕궁과 광장, 박물관을 들러 사보이 왕가에 대해 알아보자. 왕궁 반대편에서 토리노의 수의가 보관된 토리노 대성당을 만날 수 있다. 많은 사람이 고대유물을 예수 그리스도의 마지막 수의라고 믿고 있다.

한눈에 토리노 파악하기

토리노에는 도시를 스쳐 흐르는 포^{Po} 강 주변으로 공원이 조성되어 있고, 강 서쪽 평지에 로마제국 시대부터 도시 계획을 하여 바둑판 모양으로 되어 있어서 구불구불한 길이 별로 없다. 건물들의 높이도 비슷하다. 그 중에서 한 개의 건물만 높이 솟은 특이한 건축이 바로 19세기 후반에 세운 토리노에서 가장 유명한 건물인 몰레 안토넬리아나이다.

몰레 안토넬리아나는 토리노 여행의 출발점이다. 정상에 올라 도시와 북서쪽으로 뻗은 알프스 산맥의 그림 같은 풍경을 감상할 수 있다. 남쪽으로 가면 다른 볼거리인 발렌티노 공원이 있다. 공원 끝자락에 발렌티노 성도 자리해 있다.

토리노를 중심으로 흩어져 있는 광장은 식사를 하거나 모닝커피를 즐기는 사람들이 한적하게 쉴 수 있는 곳이다. 산 카를로 광장에는 토리노에서 유명한 두 카페, 카페 산 카를로 Café San Carlo와 카페 토리노 Café Torino가 있다. 북서쪽으로 가면 토리노 흑마술의 중심지로 묘사되는 피아차 스타투토가 나타난다.

산 카를로 광장
Piazza San Carlo

산 카를로 광장은 고전적인 이탈리아 도시를 거닐며 구경하기에 최적의 장소이다. 산 카를로 광장은 토리노의 주요 도로인 비아 로마Via Roma를 따라 자리해 있다. 카페에 앉아 에스프레소의 풍부한 맛을 만끽하기에도 좋다. 17세기 중반 조성된 후 토리노 시민의 만남의 장소로 자리잡은 광장은 토리노 중심지 바로 남쪽에 있다. 광장 한가운데에는 16세기 사보이 공작, 엠마누엘 필리베르토Emanuele Filiberto의 동상이 세워져 있다.

광장 남서쪽에는 산타 크리스타 성당과 산 카를로 성당이 광장의 입구를 지키고 있다. '쌍둥이 성당'라고 하는 두 성당은 각기 당대를 대표하는 건축 양식으로 지어져 외관이 서로 다르다.

카페 산카를로Café San Carlo나 카페 토리노 Café Torino는 토리노를 이끌던 귀족, 정치가들이 자주 들른 커피숍이다. 달콤한 음식을 좋아하는 관광객은 150여 년의 전통을 자랑하는 콘페떼리아 스트라타Confetteria Stratta에 들러 보자. 광장에서 디저트가 가장 맛있는 곳이다. 광장 곳곳에는 유명한 부티크와 쇼핑 매장이 많다.

저녁이 되면 광장에 웅장한 조명이 켜지면서 굉장히 북적댈 때가 많다. 광장 바깥쪽 길가를 따라 늘어선 궁전과 건물에 아래에서 위를 향해 비추는 불빛이 들어오면 황홀한 야경이 펼쳐진다.

몰레 안토넬리아나
Mole Antonelliana

토리노에는 도시를 스쳐 흐르는 포Po 강 주변으로 공원이 조성되어 있고, 강 서쪽 평지에 로마제국 시대부터 도시 계획을 하여 바둑판 모양으로 되어 있어서 구불 구불한 길이 별로 없다. 건물들의 높이도 비슷하다. 그 중에서 한 개의 건물만 높이 솟은 특이한 건축이 바로 19세기 후반에 세운 토리노에서 가장 유명한 건물인 몰레 안토넬리아나Mole Antonelliana이다.

이탈리아어로 몰레Mole는 '웅장한 건축'이라는 뜻이고, 안토넬리아나Antonelliana는 '안토넬리의'라는 뜻으로 인토넬리기 만든 웅장한 건축물이라는 뜻이다. 토리노를 상징하는 랜드마크로 2006년 토리노 동계올림픽의 로고로 사용되기도 했다.

원래 유대교 회당으로 지어진 몰레 안토넬리아나Mole Antonelliana는 토리노의 랜드마크 역할을 해 오고 있다. 몰레 안토넬리아나Mole Antonelliana는 건축을 맡은 알레산드로 안토넬리Alessandro Antonelli 사망한 지 1년이 지난 1889년에 완공되었다. 현재 국립영화박물관Italian National Cinema Museum으

로 이용되는 건물의 아찔한 높이를 느껴 보려는 방문객에게 도시의 전경을 선물하고 있다.

1861년 토리노는 통일 이탈리아 왕국의 수도가 된 후 우대인들은 신고전주의의 영향으로 하부는 고대의 신전 입구처럼 우람하고 상부는 이에 반해 위호 솟아 날렵하다. 예전 건축물인데도 십자가가 없고 성인들의 석상도 없어 기독교 건축물이 아니라는 것을 직설적으로 표현했다.

완공 당시 몰레 안토넬리아나Mole Antonelliana는 세계에서 가장 높은 벽돌 건물이었다. 폭풍우로 첨탑이 파괴된 후 재건하여 일반 대중이 출입할 수 있게 되었는데, 지금은 엘리베이터를 설치해 방문객이 꼭대기까지 올라갈 수 있다.

전망대 & 전망

안으로 들어선 후에, 유리 엘리베이터를 타고 지상 약 85m 높이의 전망대로 이동하자. 엘리베이터를 타려면 길게 줄을 서야 할 때가 많으므로 방문하기 좋은 시간을 확인하시기 바랍니다. 월요일에는 박물관과 엘리베이터가 모두 운영되지 않는다. 전망대에서는 거의 매일 북서쪽에서 솟아오른 알프스 산맥을 선명하게 볼 수 있는데, 시야의 절반가량을 차지한다.

다시 엘리베이터를 타고 국립영화박물관에 내려서 이탈리아 영화에 관한 흥미로운 자료를 둘러보자. 이탈리아 영화 산업의 초창기 시절부터 제작된 영화와 원판 필름, 영화 기술 등에 관한 소장품이 전시되어 있다. 박물관에는 이탈리아 대표 영화에 사용된 소품과 의상도 다수 진열되어 있고, 월트 디즈니 고전 영화의 장면을 그린 그림도 있다.

홈페이지_ www.moleantonellianatorino.it **주소_** Via Montebello 20, 10124 **시간_** 9~17시
요금_ 12€(박물관 / 학생 10€), 9€(전망대 / 학생 7€)

스타투토 광장
Piazza Statuto

토리노에 건설된 마지막 광장은 암흑의 역사를 간직한 곳이지만 지금은 사람들로 북적대는 중심지이다. 1864년 완공된 스타투토 광장Piazza Statuto는 마지막으로 건립되어 토리노의 구 중심지를 형성했다. 그때까지 공화국 광장, 비토리오 광장, 카를로 펠리체 광장 등 다른 광장 3곳이 완공된 상태였다. 스타투토 광장의 기념물과 정원 주변에는 바로크 양식의 상징적인 붉은 건물이 늘어서 있다.

광장 한가운데에는 유럽 알프스 산맥을 관통하는 최초의 열차 터널인 프레쥐스 터널Frejus Tunnel 건설자의 동상이 있다. 알프스에서 채취한 바위로 만든 동상은 위대한 과업을 일구어 낸 불굴의 투지와 노력의 상징이다.

광장의 역사는 도로 아래에 로마인의 고분을 매장하여 고대 도시의 오랜 역사를 짐작해 볼 수 있다. 중세 이후로 올라가면 프랑스 식민지 시절의 어두운 과거가 스며들어 다소 복합적이다. 과거 사형을 집행한 프랑스의 단두대가 있던 자리에는 현재 고딕 양식의 기념물이 서 있다. 현지 주민 중에는 광장을 '흑마술'을 부리는 곳이라 생각하는 사람도 있고, '지옥의 문'과 연관 짓는 사람도 있다. 불명예스러운 평판이 있지만 광장은 기념물과 주변 건물의 건축학적 진가를 알아보는 관광객과 현지인들로 북적인다.

주소_ Piazza Statuto, 10122

토리노 왕궁
Palazzo Reale di Torino

토리노 왕궁은 토리노의 상징이자 이탈리아 사보이 왕가의 역할을 보여 주는 기념물이다. 고전적인 대저택은 19세기까지 무기와 갑옷이 가장 잘 전시된 곳이다. 웅장한 계단과 화려한 융단, 유서 깊은 무기가 보관된 병기고를 갖춰 관광객의 흥미를 끈다.

국제적으로 잘 알려진 문화 유적지는 16세기부터 토리노의 명소로 손꼽혀 왔는데, 수세기 동안 토리노를 통치한 사보이 왕가의 본거지이기도 하다. 왕궁에 들어가기 전, 궁전 대문에 장식된 메두사 금

조각상도 유명하다.

왕궁에는 건물을 둘러싼 정원과 광장이 내려다보이는 방이 많다. 중요한 장소는 16~17세기 무기와 갑옷이 전시된 방이다. 온전한 갑옷이 전시실에 나란히 놓여 있고 당시 최첨단 무기도 진열되어 있다.

높은 천장의 프레스코화와 대리석 장식은 왕궁의 웅장함을 배가시켜 준다. 따뜻하고 화창한 날에는 파란 하늘과 대조를 이루는 하얀 건물의 아름다운 광경을 볼 수 있다. 왕궁의 야외 조명이 켜지면 마치 동화 속 한 장면을 보는 듯 환상적이다.

홈페이지_ www.ilpalazzorealeditorino.it
주소_ Piazzzetta Reale 1 Paizza Castello, 10122
요금_ 10€ 시간_ 8시 30분~18시

발렌티노 성
Castello del Valentino

발렌티노 성Castello del Valentino은 마시모 디 아체글리오 거리Corso Massimo D'Azeglio를 따라 토리노에서 두 번째로 큰 발렌티노 공원 안에 있다. 성은 사보이 시대 이후 수의 학교, 막사, 엔지니어 양성 국립학교를 거쳐 현재는 폴리텍 대학Polytechnic University의 건축학 건물로 사용되는 등 다양한 기능을 하고 있다.

말굽모양 성의 역사는 16세기로 거슬러 올라간다. 원래 강변에 자리한 주택이었던 성의 이름은 로마 신부, 성 발렌타인의 이름에서 따왔다. 성 발렌타인은 클라우디우스 2세 재임 당시 금지된 비밀 결혼을 한 인물이다.

성 주변을 걷다 보면 성의 정면은 프랑스 양식이 아닐까 하는 생각이 든다. 빅토르 아마데우스 1세Victor Amadeus I 사보이 공작과 결혼한 프랑스 크리스틴 마리Christine Marie 공주의 영향이다.

크리스틴 마리는 부자(父子) 설계사인 카를로 디 카스텔라몬테Carlo di Castellamonte와 아메데오 디 카스텔라몬테Amedeo di Castellamonte에게 공사를 의뢰했다. 포 강과 맞닿아 있는 성의 뒷면은 이탈리아 양식을 견지하고 있어 18세기의 두 강대국이 성 안에서 대립하고 있다.

발렌티노 공원
Parco del Valentino

포 강을 따라 이어지는 짧지만 아름다운 산책로를 거닐어 볼 수 있다. 발렌티노 공원에서 '중세 마을'로 걸어가다 보면 15세기 마을을 모방한 많은 건물과 카페가 기다리고 있다. 사보이 사후 수십 년이 지난 뒤 기하학적 디자인의 식물원을 신축해 1730년 발렌티노 성의 원래 정원에 통합하였다. 현재 토리노 대학교가 운영하는 정원은 수백 년이 흐른 지금까지도 번성하고 있다.

토리노의 통행금지구역(ZTL)을 구별하기 어렵다면 발렌티노 성까지 대중교통을 이용하는 것이 좋다. 빌렌티노 공원은 과거 사보이 왕가의 사냥터였다. 1630년, 토리노 최초의 시민 공원으로 개장한 후 1864년 프랑스 조경사가 일부를 다시 디자인했다. 발렌티노 공원은 토리노에서 2번째로 큰 공원으로, 면적이 약 55ha에 이른다.

공원 곳곳에는 다양한 분수대가 설치되어 있다. '12개월 분수Twelve Months Fountain'가 가장 아름다운데, 특히 겨울에 얼음이 얼면 더 아름답다. 1961년에 만든 후 확장한 바위 정원에는 크기 약 4.5ha의 암석 외에도 다양한 꽃, 냇물, 분수대가 있다.

포 강을 따라 걸어가면 15세기 피에몬테 마을을 고스란히 재현한 놀라운 '중세 마을'에 다다른다. 토리노 국제 박람회를 맞이하여 1884년에 디자인된 마을에는 도개교와 골목, 포르티코 가옥이 들어서 있다. 옆으로 흐르는 강 제방 아래 비치는 마을의 그림자를 감상하면 공학적 상상력에 경이로움이 느껴질 것이다.

홈페이지_ www.comune.torino.it
주소_ Corso Massimo D'Azeglio, 10126

토리노 대성당
Duomo di Torino e Cappella della Sacra Sindone

토리노 대성당은 성 세례 요한을 추모하며 1498년 왕궁 옆에 건설되었다. 7년에 걸쳐 완공된 성당은 오래된 바실리카 3곳의 터에 세워졌다. 그중 가장 큰 건축물이 성 요한에게, 나머지가 구세주 예수와 성모 마리아에게 헌정되었다. 현재 많은 가톨릭 신자가 예수의 수의라고 믿는 '토리노의 수의'가 보관되어 있다.

르네상스 양식과 바로크 양식이 두루 어우러진 대성당은 종탑과 성의 예배당 Chapel of the Holy Shroud, 교회로 구성되어 있다. 건축물은 각기 다른 시기에 건설되었다. 1469년에 세워진 종탑이 가장 오래됐고, 약 28년의 공사 끝에 1694년에 예배당이 새로 완공되었다. 입구 문 위의 벽에는 레오나르도 다빈치의 걸작, '최후의 만찬' 모작 유화 그림이 걸려 있다.

홈페이지_ www.duomoditorino.it
주소_ Piazza San Giovanni, 10122

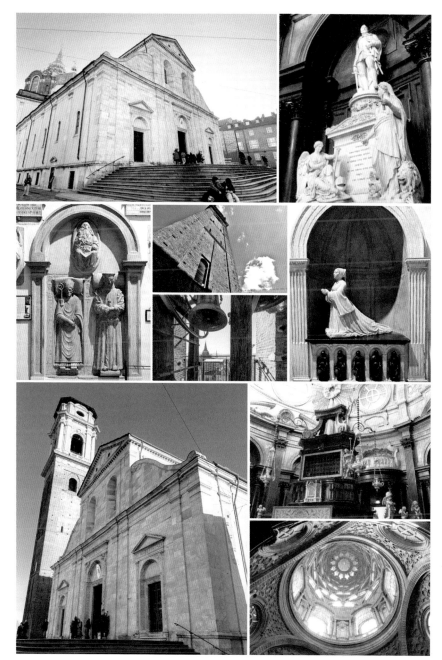

이집트 박물관
Museo Egizio

17세기 궁전에 자리한 박물관에서 약 6,000년이나 된 이집트 역사를 살펴볼 수 있다. 이집트 유물을 처음 구매한 1630년 부터 전시품을 수집했다. 이후 그 수가 점점 늘어나고 1900년대 초반 수차례 탐사 활동을 진행하면서 박물관이 면모를 갖추게 되었다. 유물 6,500여 점과 소장품 25,000여 점을 보유한 이집트 박물관은 이집트가 아닌 곳에서 이집트 유물을 감상할 수 있는 유일한 장소이다.

박물관에 들어서면 대형 스핑크스와 파라오의 석관이 바로 눈앞에 펼쳐진다. 박물관을 둘러보기 가장 좋은 권장 관람 경로를 따라 위층으로 올라가면 파라오가 이집트를 통치하던 시대부터 관람할 수 있다.

첫 번째 전시실은 박물관에서 발굴한 고대 이집트의 수많은 외딴 마을이 소개되어 있다. 바로 옆 장례 문화 전시실로 건너가면, 이집트인들이 시신을 보관하기 위해 이용하던 복잡한 방법을 알 수 있다.

아래층으로 내려가면 박물관에서 심혈을 기울여 재현한 누비아의 엘리샤Ellesiya 신

전이 있다. 마지막 전시실에 가면 박물관에서 가장 유명한 카Kha의 무덤에서 발굴한 유물을 관람할 수 있다. 이 전시물은 한 사람의 무덤에서 나온 500여 점의 유물로, 수많은 석관과 집기, 음식, 공예품으로 구성되어 있다. 죽음을 소재로 한 전시실은 장례 문화와 관련된 전시회가 진행되는 전시실은 지나쳐도 좋다. 많은 미라가 약간 공포스럽게 느껴지는 사람도 있을 수 있을 것이다.

홈페이지_ www.museoegizio.it

주소_ Via Accademia delle Science, 6 Aperto Anche il Lunedi Mattino, 10123

시간_ 9~18시 30분   요금_ 13€

아름다운 초대
이탈리아 왕국의 수도,
토리노

Genova

제노바

제노바

제노바는 북이탈리아로 아치형의 무지개 같은 형태의 리구리아 주에 속해있다. 앞으로는 바다에 뒤로는 산들로 둘러싸인 인구 약 60만 명의 이탈리아 최대의 항구도시이다. 역사상의 화려한 영광 때문에 중세에서 지금에 이르기까지 제노바는 '자부심이 강한 도시La Superba'라는 이름으로 불리고 있다. 산과 언덕이 끝없이 펼쳐진 제노바에서는 등산가가 아니라도 아름다운 풍경을 즐길 수 있다.

온화한 지중해성 기후 & 은퇴 생활지

제노바가 속하는 리구리아 주는 북쪽에 위치하면서도 지중해성 기후의 영향으로 여름은 그다지 덥지 않고 겨울은 너무 춥지 않은 온화한 특성을 가지고 있다. 여름의 피서나 겨울을 지내기 위한 바캉스 리조트지로서 알려져 있으며, 유럽의 각지에서 은퇴 후의 생활을 살기 위해서 제노바로 거주지를 옮기는 사람들도 적지 않다고 한다.

정통 이탈리아 라이프스타일

이탈리아 북서쪽 해안의 리비에라에 속하는 제노바에는 정통 이탈리아의 라이프스타일을 엿볼 수 있다. 오래된 건물과 세계문화유산 지정 구역을 거닐면 과거 무역의 중심지였고, 크리스토퍼 콜럼버스의 고향이기도 한 제노바의 역사를 알고 싶어진다. 오래된 항구 도시는 웅장한지만 중세풍의 좁은 거리를 둘러보면 가족이 경영하는 정겨운 레스토랑에서 신선한 해산물 요리와 현지 페스토Pesto 요리를 맛볼 수 있다.

도시의 역사

고고학적인 유적이나 자료로 판단하면 기원전 6세기 무렵부터 인류가 거주하고 있었다고 여겨진다. 중세에는 현재의 리구리아주의 지역에 '제이 노바 공화국'으로서 자치제를 가졌었고, 해양 공화국으로서 발전해 온 아말피, 피사, 베네치아와 대항하면서 세력을 떨쳤다. 이 4개 도시의 기치는 현재에도 이탈리안 트리코롤 기의 중심으로 4개의 도시의 심볼이 그려져 있는 이탈리아 해군과 상선 깃발의 모티브로 사용되고 있다. 1956년부터 매년 1회, 4개 도시 중 한 도시에서 보트 레이스를 개최하고 있다.

4개의 해양 공화국의 심벌이 있는 깃발

왼쪽 위부터 시계방향으로 베네치아, 제노바, 피사, 아말피.
제노바의 심벌은 하얀 바탕의 붉은 십자이다.

강한 자부심

제노바 사람이라고 하면 외견으로는 성격 좋아 보이는 편안하게 대할 수 있는 이미지가 있지만 역사적으로 독립적인 자치제를 가지고 있었던 적이 많아서인지 '제노바는 독특하다'라는 강한 자부심을 가지고 있다.

크리스토퍼 콜럼버스

아메리카 대륙 발견의 항해가 크리스토퍼 콜럼버스Cristoforo Colombos는 제노바 출신이다.

제노바의 중심지에는 콜럼버스가 소년 시대를 보냈다고 하는 중세의 집이 남겨져 있고, 제노바에서 가장 낡고 기차가 발착하는 1860년에 만들어진 제노바 피아짜 프린치페 Genova Piazza Principe역 앞에는 콜럼버스상이 사람을 맞이하고 있다. 게다가 제노바 공항은 '크리스토퍼 콜럼버스 공항Aeroporto Cristoforo Colombo'라는 이름이 붙여져 있다.

한눈에 제노바 파악하기

리구리아 주는 평지를 찾아볼 수 없을 정도의 산악 지대이다. 제노바를 여행하는 가장 좋은 방식은 위에서부터 시작해 중세풍의 구도심을 돌아보는 것이다. 고지대에는 주요 쇼핑 지구와 광장이 자리 잡고 있고, 좁다란 보행자 전용 골목길은 '카루기'라고 불린다. 제노바의 중앙 거리인 비아 가리발디에는 하얀 궁전Pallaco Bianco, 투르시 궁전에 각각 박물관이 자리하고 있다.

시내는 알바로Albaro, 카스텔레또Castelletto, 카리냐노Carignano, 네르비Nervi, 퀸토Quinto등으로 구분된다. 제노바라고 하는 도시의 특성상 다른 유명한 관광지에서는 미관을 보존하여 방문

하는 사람들을 매료하지만 건물 중에서도 한 모퉁이를 돌아야만 보이는 숨겨진 곳이나 건물의 내부에 한걸음 발을 디디면 눈이 휘둥그레지는 아름답게 장식된 달라진 장소를 볼 수 있다.

케이블카가 2곳에서 운행 중인데, 도시와 항구의 전경을 감상하며 산에 오를 수 있다. 포르텔로 광장에서 공용 엘리베이터를 타면 카스텔레토 지구까지 이동할 수 있다.

올드 하버
Porto Antico

오랜 세월 항구 도시 제노바의 중심지인 올드 하버Porto Antico는 대규모 리노베이션을 거쳐 카페, 영화관, 박물관, 수족관을 찾아볼 수 있다. 갈라타 마리팀 박물관에는 크리스토퍼 콜럼버스를 비롯해 제노바의 탐험가들을 만날 수 있다.

유럽 최대 규모를 자랑하는 제노바 수족관은 제노바의 새로운 관광 명소가 되고 있다. 항구에는 고기잡이배와 페리, 포르토피노에서 출발해 방금 크루즈를 마치고 정박한 럭셔리 요트들을 볼 수 있다.

올드 타운
Old Town

제노바의 거리 풍경이라고 하면 옛 숨결을 느낄 수 있는 퇴색된 낡은 건물들과 아름답게 외벽이 물들여진 귀족들의 저택이 줄지어선 구시가의 분위기가 클로즈업 된다. 제노바의 구시가는 유럽 안에서도 낡은 주거가 있는 중심가로서는 가장 넓은 곳 중의 하나이며, 스트라데 누오베Strade nuove와 팔라치 데이 롤리Palazzi dei Rolli는 2006년에 유네스코 세계 문화유산으로 등록되었다.

가리발디 거리
Via Giuseppe Garibaldi

제노바의 올드 타운에서 가장 유명한 거리로, 이 거리를 따라 제노바의 부유한 가문들이 소유했던 16세기 궁전들이 줄지어 있다. 제노바가 부유하고 오래된 건축물을 확인하고 싶다면 찾아가야 한다.
작은 상점과 카페들이 가득한 작은 골목길이 인상적이다. 현재 박물관 레스토랑, 상업 시설로 개조되었다.

주세페 마리아 가리발디
(Giuseppe Maria Garibaldi / 1807~1882)

이탈리아의 장군이자 애국자로 통일 이탈리아의 영웅이다. 공화주의자로 이탈리아의 통일과 이탈리아 왕국의 성립에 공헌하였다. 주세페 마치니, 카밀로 카보우르와 더불어 이탈리아 통일 3인으로 꼽힌다.

흔히 이탈리아 통일의 주역으로 알고 있는 경우가 많으나 실제 이탈리아 통일의 계획과 실행은 카밀로 카보우르가 주도했고, 가리발디의 업적은 통일의 최대 난적 중 하나였던 양시칠리아 왕국을 멸망시키고 조건 없이 비토리오 에마누엘레 2세에게 양도한 것이다.
카보우르가 주류 엘리트 중도우파 정치인에 왕당파였다면, 마치니와 가리발디는 공화주의자였다.

페라리 광장
Piazza Raffaeie De Ferrari

제노바 출신 정치인 '라파엘레 데 페라리 Raffaeie De Ferrari'의 이름을 딴 광장으로, 제노바 구도심에서 가장 큰 광장이다. 이 곳에 제노바 공화국의 도제가 사용했던 두칼레 궁전과 신 증권거래소, 카를로 펠리체 극장이 위치해있다.

아름다운 분수, 깨끗한 광장, 광장을 둘러싼 웅장한 건물들은 관광객의 시선을 끈다. 광장 옆에는 오페라 극장이 있어서 오페라가 끝나고 나오면 멋진 조명과 함께 경치를 즐기며 저녁 식사를 하는 것도 좋다.

////////////////////////////////////

주소_ Piazza De Ferrari

단테 광장
Piazza Dante

단테 광장에는 높은 문인 포르타 소프라나Porta Soprana이 있고 앞으로 12세기 산탄드레아 수도원 유적지가 남아있다. 콜럼버스의 집이라고 이름 붙은 관광지도 위치해있는데, 크리스토퍼 콜럼버스가 제노바에서 살았던 여러 집들 중 하나이다. 현재는 박물관으로 쓰이고 있다.

산 로렌초 대성당
Cattedrale di San Lorenzo

제노바의 중심 대성당이다. 장인 정신과 예술성으로 이루어진 성당은 외부 타일은 다양한 색상과 패턴으로 사람들의 시선을 이끌고 내부는 웅장하여 압도당하는 느낌이다. 성당 파사드에서 피렌체 두오모 대성당의 건축양식을 엿볼 수 있다.

홈페이지_ www.chiesadigenova.it
주소_ Piazza san lorenzo Piazza San Lorenzo, 16123
시간_ 9~18시

9월 20일 거리
Via XX Settembre

구도심의 페라리 광장과 신도심의 승리의 광장을 이어주는 도로로, 제노바의 주요 쇼핑 거리이다. 멋진 건축 디자인과 함께 옛것과 새것이 잘 어우러져 있다. 오리엔탈레 시장이 이 거리에 접해있다.

승리의 광장
Piazza della Vittoria

제노바 구도심 동쪽에 위치한 신도심의
중심 광장으로, 한 가운데에 제1차 세계
대전의 전사자를 기리는 개선문이 위치
해있다. 광장의 남쪽 언덕에는 크리스토

퍼 콜럼버스가 항해에 썼었다는 배 3척이
잔디에 묘사되어있다. 제노바 생활의 중
심 광장으로 젊은이들의 약속장소로 주
말마다 사람들로 북적인다.

주소_ Piazza della Costituzione 1, 97019

포르토피노 (Portofino)

포르토피노Portofino는 이탈리아 리구리아 주 제노바현의 도시이다. 아름다운 항구에 비치와 맛있는 해산물 요리까지 있어 예부터 귀족이나 부자들이 휴양하는 곳으로 알려져 있다. 최고의 휴양지로 알려진 포르토피노Portofino의 고전적인 분위기와 현대적인 분위기가 어우러진 어촌 마을은 여름에는 관광객들로 북적인다.

이곳은 제노바 사람들의 하루 여행지이기도 하고 VIP들에게 인기가 많지만 가파른 고개의 해안선 끝자락이라 사람들은 잘 모르기도 한다. 항구 주변의 산책로를 따라 걸어 선창가에서 밝은 색 건물들을 볼 수 있고 바다를 바라보는 테라스 바에서 와인과 해산물 요리를 먹으며 마을을 바라볼 수 있는 언덕 위까지 산책해 보자.

포르토피노는 작은 어촌으로 남아 있지만 19세기에 세간의 이목을 끄는 휴양지가 된 이래 명성을 이어오고 있다. 1950~60년대에 상류층이 머물고 가면서 점차 현대적인 리조트 타운으로 본격적으로 변화하였다. 작은 테라스 레스토랑은 리구리아 지방의 해산물 요리에 감탄하러 온 여행자들에게 만족을 준다.

해안의 작은 광장은 '피아제타Piazzetta'로 불리는 해안의 작은 광장은 만에 정박한 채 출렁거리는 선박들이 즐비하다. 마을에서 벗어나고 싶다면 마을의 파스텔 건물 뒤편에서부터 시작되는 포르토피노 자연 공원Portofino Regional Nature Park의 초목들 사이를 따라 올라가면 된다. 걸어서 언덕을 올라가면 옛 분위기의 작은 등대인 일 파로Il Faro가 있다.

오래된 성당 분위기를 내는 산 마르티노^{San Martino}와 산 조르지오^{San Giorgio} 성당은 포르토피노의 대표적인 성당이다. 언덕 위에서 작은 마을의 경관을 조망할 수 있는 브라운 성^{Castello Brown}까지 작지만 도시에 있을 것은 다 있다.

산 푸루투오조 만^{San Fruttuoso Bay}은 외딴 지역이라서 다이빙이나 잔잔한 파도에서 수영을 즐길 수도 있다. 예수 동상인 심연의 그리스도^{Christ of the Abyss}를 보기 위해 장비를 빌려 다이빙을 하는 관광객들도 있다. 스포츠카를 몰고 산 마르게리타^{San Margherita}에서 포르토피노까지 가거나 슈퍼스타처럼 요트를 탈 수도 있다.

산 지오르지오 성당
Chiesa di San Giorgio

로마네스크 양식의 12세기 오렌지 빛의 성당은 포르토피노의 수호성인인 산 지오르지오를 기리기 위해 지어졌다.

14명의 성인 중 한명인 산 지오르지오는 포르토피노에서 태어나 초기 기독교를 정착시키 위해 노력한 성인이다. 성당의 왼쪽에서 포르토피노의 풍경을 볼 수 있고 오른쪽에서는 지중해를 볼 수 있어 전망이 가장 아름다운 장소에 있다.

주소_ Salita S. Giorgio, 16034

브라운 성
Castello Brown

포르토피노 입구쪽에 위치한 성은 16세기 외적의 침입에 대비해 요새화하였다. 하지만 무기가 발전하면서 요새화된 성은 역할을 못해 방치되었다. 1867년 영국의 몬타규 예이츠 브라운이 매입해 주거로 개조되면서 역할이 바뀌었다. 현재는 박물관이자 전망대로 사용되고 있다.

홈페이지_ www.castellobrown.com
주소_ Via alla Penisola 13
시간_ 10~17시
요금_ 8€

295

Verona

베로나

Verona

베로나

베로나의 생기 넘치는 문화와 그림처럼 아름다운 거리를 구경하다보면 낭만적인 도시와 사랑에 빠지게 될 것이다. 거대한 원형 극장에서 오페라를 감상하고, 시장 광장에서 맛있는 이탈리아 음식도 맛보면서 셰익스피어가 로미오와 줄리엣의 배경으로 베로나를 선택한 이유를 생각해 볼 수 있다.

베로나는 풍부한 문화와 아름다운 건축물, 맛있는 현지 음식으로 유명한 이탈리아의 떠오르는 관광 도시이다. 셰익스피어가 로미오와 줄리엣의 배경으로 삼은 곳으로 유명하여 시

내 거리만 걸어도 낭만이 느껴지는 것 같다. 베로나에 들어서면 바로 브라 광장이 나온다. 베로나로 들어가는 관문인 광장에는 레스토랑, 바Bar와 관광지가 주위에 늘어서 있다. 광장, 동쪽에는 이탈리아에서 가장 큰 원형 극장인 아레나 디 베로나가 있다. 환상적인 오페라 공연을 보면서 옛 시절에 만든 탁월한 음향 시설에 감탄하게 된다.

베로나 거리는 자갈이 깔린 거리이기 때문에 걸어서 여행하기에 좋은 도시이다. 이탈리아의 오래된 중세도시와 달리 언덕이 별로 없고 평평한 오솔길이 많아서 누구나 편하게 도시를 둘러볼 수 있다. 카스텔베키오 박물관은 유서 깊은 성에 다양한 예술 작품이 소장되어 있고, 베로나 성당에서는 아름다운 건축 양식에 감탄하지만 베로나의 주교가 진행하는 아침 미사에도 참석하면 머리가 경건해지는 현상에 감탄하게 된다.

매일 재래시장이 열리는 중앙 광장, 에르베 광장에서 활기찬 분위기를 아침에 느껴보자. 시장에서 신선한 현지 농산물을 골라, 돌아와 직접 음식을 만들어 맛있는 식사를 한끼 해결해도 좋다. 베로나는 쌀로 만드는 북부 이탈리아 요리로 유명하다. 현지 '버섯과 트러플'을 이용한 리조토가 관광객의 사랑을 받고 있다.

줄리엣 하우스에 가면 셰익스피어가 로미오와 줄리엣의 배경으로 사용한 곳을 볼 수 있다. 줄리엣의 발코니에서 로미오와 줄리엣의 한 장면을 재연하면서 사진으로 남기는 관광객은 좋은 추억이 만들고 있다.

산 피에트로 성 ●

피에트라 다리 ● 로마 극장

두오모 ●

폰테 가리발디 ●

● 산타 아나스타시아 성당

● 시뇨리 광장

에르베 광장 ● ● 라지오네 궁전

폰테 델라 비토리아 ● 람베르트 기념탑

● 폰테 누우보

● 줄리엣의 집

● 카스텔베키오 다리

● 폰테 델레 나비

● 아레나

브라 광장 ●

● 시청

그란 과르디아 궁전 ●

브라광장
Bra Square

베로나에서 관광객이 가장 많이 찾는 브라 광장에는 고급 레스토랑과 바는 물론 클래식한 건축물들도 많이 보인다. 브라 광장은 베로나에서 가장 큰 광장으로 베로나 사람들의 일상생활을 구경하기에 좋은 장소이다. 도시의 문 안에 위치한 광장은 베로나에 도착한 사람들을 가장 먼저 반겨주는 곳이다. 브라 광장에는 레스토랑과 바가 밀집되어 있어 항상 사람들로 북적인다.

광장은 상당히 커서 이탈리아에서 제일 큰 광장이라고 말할 정도이다. 베로나를 처음 방문하시는 관광객은 관광의 시작점으로 브라광장만큼 좋은 곳은 없다. 광장에는 거대한 아레나 디 베로나가 우뚝

서 있다. 한때 로마의 검투사들이 싸움을 벌였던 원형 극장은 폴 메카트니, 라디오헤드, 원디렉션 등 유명 뮤지션들이 공연하면서 베로나에서 가장 인기 높은 명소가 되었다.

광장을 지나 그란 과르디아 궁전에 가면 인상적인 17세기 건축물이 나온다. 광장의 남쪽에 위치한 궁전에는 한때 도시의 보초들이 거주했다고 한다. 브라 광장의 중심을 관통하는 핑크색의 대리석대로에는 비토리오 에마누엘레 2세의 기마상이 있다. 베로나의 자매 도시인 뮌헨이 선물한 알프스 분수도 보인다.

점심과 저녁에는 시민들이 만나는 만남의 장소가 되어, 테이블에 자리를 잡고 앉아 맛있는 현지 와인과 요리를 즐기는 장면을 곳곳에서 볼 수 있다. 이탈리안 살라미를 넣은 리조토는 베로나의 특산 요리이니 꼭 주문해 보자.

아레나 디 베로나
Arena di Verona

한때 로마의 검투사들이 서로 죽을 때까지 싸웠던 유서 깊은 경기장에서 오페라, 록 콘서트, 연극 등을 볼 수 있는 장소이다. 베로나 스카이라인을 구분짓는 아레나 디 베로나는 세계 최대 규모의 로마 원형 극장이다. 기원 후 30년에 지어진 경기장은 베로나에서 가장 오래된 건물로 규모가 엄청나다. 매년 500,000명 이상의 베로나를 찾는 관광객이 놀라운 건축물에 압도당하면서 관광을 시작하게 된다. 온종일 원형 극장은 다채로운 빛깔을 띠는 것을 보면 한 번 더 놀라게 된다.

아레나 디 베로나는 흥망의 역사를 간직한 곳이다. 12세기에 베로나에 지진이 발생하여 경기장 건물의 4층 대부분이 소실되었다. 1913년 현지 오페라 가수인 '지오반니 제나틸로'가 경기장에서 야외 콘서트를 열면서 이곳은 다시 과거의 영광과 인기를 되찾게 되었다.

해가 지면 관중석에 촛불이 켜지면서 콘서트가 시작된다. 지금도 절묘한 음향 시설을 가진 원형 경기장에서 열리는 오페라 공연을 감상하기 위해 전 세계 사람들이 아레나 디 베로나를 찾고 있다. 무대에서 가장 먼 좌석에서도 모든 울림을 들으실 수 있다는 사실에 놀라게 된다.

> 베로나 카드
>
> 베로나의 관광지에 입장할 수 있는 베로나 카드를 사용하면 다른 시간대에 아레나에 다시 와서 다양한 분위기를 느낄 수 있다.

콘서트 티켓

매년 열리는 콘서트 티켓은 조기에 매진되므로 미리 티켓을 예매해야 볼 수 있다. 공연 시작 직전에 일부 티켓을 내놓기도 하므로 발품을 팔아 티켓을 구입할 수도 있다. 푹신한 좌석에 앉으려면 1층 좌석이 좋고, 현지인들과 어울려 돌계단 좌석에 앉아 콘서트를 구경해도 좋다.

에르베 광장
Piazza Erbe

언제나 활기가 넘치는 베로나의 중심에 위치한 에르베 광장에는 매일 시장이 열리며 베로나 최고의 레스토랑들이 몰려 있다. 광장 중심에는 매일 시장이 열리며 길가의 레스토랑, 바, 카페에는 야외 테이블과 의자가 놓여 있다. 시장 상인들이 손님을 부르는 시끌벅적한 분위기에서 이탈리아 전통 에스프레소를 마시며 광장을 둘러싼 건물들과 다양한 관광객을 볼 수 있다. 잠시라도 들러서 커피를 마시거나 저녁에 현지 요리와 함께 여행의 여유를 느낄 수 있다.

로마 시대 이후로 에르베 광장은 베로나 시민들에게 만남의 장소로 사용되어 왔다. 베로나의 많은 거리는 바로 광장과 이어지고 있다. 베로나의 대표적 엔터테인먼트 지역 중 하나인 이 에르베 광장에는 현지인들이 찾는 맛집들이 많다. 트러플 리조토와 바삭한 브루스케타는 인기 메뉴이다.

광장에 있는 시장에는 매일 저렴한 가격이라고 외치는 행상들이 신선한 농산물을 판매하고 있다. 구입을 하지 않아도 시장을 천천히 둘러보며 기념품 쇼핑도 즐기는 것도 좋은 방법이다. 광장에서 가장 눈에 띄는 건물은 바로크 양식의 팔라초 마페이이다. 근처에는 토레 델 가르델로 역사가 14세기로 거슬러 올라간다.

도시의 위용을 상징하는 날개달린 사자 상과 광장의 한복판에는 에르베 광장의 중앙부 장식과 같은 마돈나 베로나 분수가 있다.

줄리엣 집
Casa di Giulietta

로미오와 줄리엣의 주인공이 살았다는 줄리엣 하우스에서 사랑하는 연인에게 낭만적으로 사랑을 고백하는 현장을 가끔 볼 수 있는 낭만적인 장소이다. 베로나의 유서 깊은 저택에서 로미오와 줄리엣의 애틋한 사랑 이야기를 보고 싶다면 재연해도 좋다. 옆의 관광객은 박수를 치면서 용기를 북돋아 줄 것이다. 로미오와 줄리엣의 주인공 중 한 명인 줄리엣이 살았던 집이라고 알려진 저택은 다양한 사진과 유물이 전시된 줄리엣 박물관으로 변화해 사용되고 있다. 줄리엣 하우스는 연 인들이 찾는 인기 장소로 사랑하는 사람 에게 낭만적인 사랑을 고백하기에 좋다.

줄리엣 하우스의 풍경

1. 줄리엣 하우스의 문에는 사랑의 증표로 자물쇠를 걸어놓은 것도 볼 수 있다. 자물쇠에 이름을 적으면 사랑하는 이와의 관계가 오래도록 지속된다고 믿게 된다.
2. 줄리엣 하우스로 이어지는 터널의 벽에는 사랑의 표현이 담긴 수백 개의 쪽지가 꽂혀 있다. 양옆의 짧은 터널 벽에 다양한 사랑의 메모들이 붙어있고, 터널을 지나 더 앞으로 이동하면 가운데 줄리엣의 동상이 서 있다.
3. 줄리엣의 동상 중 가슴을 손으로 만지면 행운이 온다고 한다. 이 작은 마당에는 로미오가 서서 줄리엣을 불렀다는 곳이 표시되어 있다. 발코니에 올라가 로미오와 줄리엣의 장면을 재연하는 커플을 많이 볼 것이다.

박물관

줄리엣의 집안인 카풀레티 가문에 대한 다양한 사진과 유물이 전시되어 있다. 기념품 가게에서는 로미오와 줄리엣을 테마로 하는 다양한 기념품을 구입하실 수 있고요. 줄리엣 하우스에서 멀지 않은 곳에 줄리엣의 무덤이 있다. 베로나의 여러 명소를 입장할 수 있는 베로나 카드를 구입하면 할인을 받을 수 있다.

산타 아나스타시아 성당
Basilica di Santa Anastasia

베로나의 대표적인 성당인 베로나 성당은 12세기에 지어진 이후, 다양한 건축 양식을 가진 역사적인 성당이다. 베로나에서 가장 신성한 장소로 여겨지는 베로나 성당에는 매년 수천 명의 방문객이 찾아와 기도를 드리고 아름다운 건축물을 감상한다.

당 안에는 작은 예배당이 있고 둥근 아치형의 천장에는 감탄이 절로 나오는 프레스코화가 그려져 있다. 멋진 조각 장식도 많아서 그림을 감상하기에도 좋지만 베로나의 주교가 집도하는 오전 미사에 참여하고 예배당에서 조용히 사색을 즐기면 만족스러운 경험이 될 것이다.

1117년 지진으로 파괴된 중세 시대 교회 위에 지어진 12세기 건물이지만 성당의 외관과 내부는 여러 차례 새로 보강되었다. 베로나 성당 주변을 거닐면 공사 과정에서 사용된 여러 건축 양식을 볼 수 있다. 교회 입구에는 수호신 동상이 여러 개 있어요. 높은 아치형 천장을 올려다보면 섬세한 르네상스 양식의 벽과 지붕을 감상할 수 있다. 성당의 정면은 고딕 양식의 창문이 꾸며주고 있고, 3개의 통로 사이로는 붉은색의 베로나 대리석으로 만든 기둥들이 보인다.

신도석을 따라 나 있는 3개의 통로 중 첫 번째 동로를 따라가면 성당 인편의 작은 예배당인 카펠라 니케졸라가 나온다. 안으로 들어가면 티치아노의 성모 승천을 표현한 거대한 르네상스식 프레스코화를 만난다. 성당을 관통하여 계속 가면 성인 아가타의 석관이 있는 예배당을 포함하여 여러 다른 예배당을 볼 수 있다. 산 지오반니의 세례장도 구경하고 한 덩어리의 대리석을 깎아 만들었다는 세례반도 살펴보자. 세례장 옆에는 로마식 모자이크로 꾸며진 아담한 성녀 헬레나 예배당이 있다.

조용히 관람하자.

베로나 성당에는 주중 내내 미사가 열리므로 미사 시간에 방문하면 다른 사람들에게 방해가 되지 않도록 조심해야 한다.

Sirmione

시르미오네

면적 370㎢에 이르는 시르미오네Sirmione는 바다로 착각할 만큼 넓고 맑은 호수로 이탈리아의 3대 호수 중 하나이다. 가르다 호수의 남쪽 데센자노 델 가르다Desenzano del Garda와 페스키에라 델 가르다Peschiera del Garda의 사이에 있다. 북부 이탈리아의 롬바디리다Lombardy 지역에 있는 브레시아Brescia 지방에 속한다.

간략한 시르미오네 역사

기원전 1세기부터 시르미오네를 포함한 가르다 지역은 이탈리아 북동부의 로마 주요 도시였던 베로나에서 온 부유한 귀족들이 좋아하는 휴양지가 되었다.

로마 시대, 기원후 500년에 호수 남쪽을 방어하는 거점이 되었다. 로마가 멸망한 후, 롬바르드 족이 이탈리아 북부를 정복한 후에 도시는 왕에게 직속된 수도로 발전했다.

시르미오네의 매력

알프스 남부의 빙하로 생긴 가르다 호수를 따라 기원전 100년 전부터 귀족들의 별장지로
형성된 마을이다. 만년설 알프스도 있지만 호수 아래에 있는 유황 온천수로 인해 지금은
유럽인들의 휴양지로 유명하다. 빙하의 영향으로 독특한 코발트와 에메랄드 물 빛깔을 가
지고 있어, 지금도 사랑받고 있다.

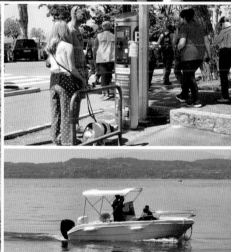

시르미오네 풍경

조용히 흐르는 평온한 가르다 호수 위에 호숫가 주변에는 일광욕을 즐기는 사람들과 유유
자적 호수를 떠다니는 백조와 오리들을 보면 스위스의 넓디넓은 호수가 생각날 정도도 크
다. 자유롭고 평화로운 호수 휴양지에서 자신을 생각해 보고 구시가지로 발길을 옮기면 활
기찬 분위기에 사람들을 보고, 많은 호텔과 레스토랑, 카페, 다양한 상점들이 가득하여 어
디서나 먹고 마시면서 쉴 수 있다.

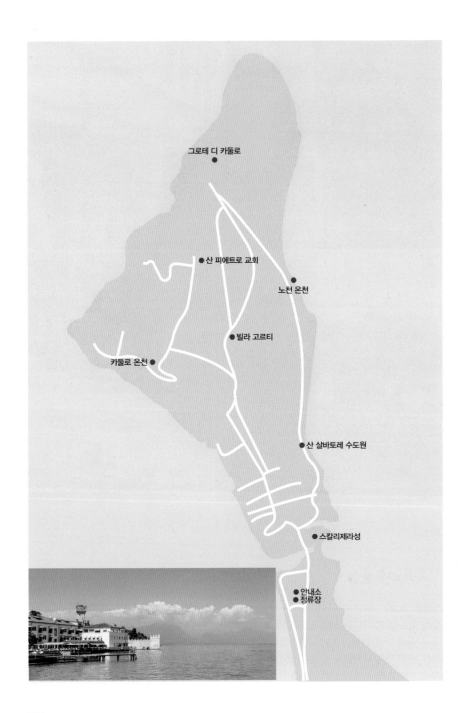

그로테 디 카둘로

산 피에트로 교회

노천 온천

빌라 고르티

카둘로 온천

산 살바토레 수도원

스칼리제라성

안내소
정류장

한눈에 시르미오네 파악하기

같은 반도에는 물로 둘러싸인 상징적인 스칼리제라 성Scaligera Castle이 있다. 모퉁이 탑을 보고 도개교를 가로질러 성으로 들어갈 수 있다. 이동식 다리를 거쳐 성문으로 들어가면 왼쪽에는 아주 작은 산타 마리아 교회가 있고 그 앞으로 스칼리제라 성이 올려다 보이는 광장이 나온다. 어둠이 깔리기 시작하면 푸른 하늘과 어우러져 신비스러운 모습을 볼 수 있다.

8세기에 지어진 산 피에트로 교회Church of San Pietro를 비롯해 15세기에 지어진 산타마리아 마조레Santa Maria Maggiore도 아름답다. 성과 로마 유적지 이외에 시르미오네에는 온천이 있다. 호수의 온천으로부터 온수 수영장을 연결하는 아쿠아리아 스파 & 웰니스 센터Aquaria Spa and Wellness Center는 귀족들의 별장을 개선한 것이다.

가르다 호수
Lake Garda

시르미오네Sirmione는 성과 교회가 자리한 중세의 별장지로 다양한 고고학 유적지와 온천을 살펴보고 호숫가에서 걸으며 고풍스러운 느낌을 받을 수 있다.

이 지역은 기후가 쾌적해 겨울에도 온화하여 해를 쬐기 좋고, 여름에는 상쾌한 미풍이 불어 윈드서핑을 타기 적당하다. 호수에는 바다처럼 요트와 작은 배들이 다니고 여유롭게 산책을 즐기는 사람들을 볼 수 있다.

구시가지
Old Town

그림처럼 아름다운 풍경을 볼 수 있는, 구시가지는 호수 쪽으로 튀어나온 시르미오네 반도에 위치한다. 북쪽에는 카툴루스 그로토Grotto of Catullus의 유적이 있다. 로마 시대 별장의 흔적을 확인할 수 있고 호수 풍경을 사진에 담는 관광객들도 쉽게 볼 수 있다.

시르미오네 산책로
Sirmione walk road

스칼리제라 성 뒤쪽 구시가지로 2분 정도 걸어가면 파도 소리 들으며 걷는 산책로를 만날 수 있다. 산책로를 따라 걸어가면 시르미오네 반도를 돌 수 있게 형성되어

있다. 걷다보면 유황 냄새가 나기도 한다.

시르미오네의 산책로를 둘러보고 구시가지를 발길 닿는 곳마다 걷다보면 호수의 전경이 자신을 멈춰 세울 것이다. 도보로 이동이 가능하고 마주하는 예쁜 건물들로 산책하는 재미가 쏠쏠하다. 모두 보려고 한다면 5시간은 소요될 정도로 볼거리가 많다.

ITALY

스칼리제라 성
Castello Scaligero di Sirmione

길고 좁은 반도로 툭 튀어 나온 시르미오네로 들어가려면 스칼리제라Scaligera 성문을 통과해야 한다. 13세기 시르미오네를 통치하고 있던 스칼라 가문이 요새화시킨 스칼리제라 성은 사면이 가르다 호수에 잠겨 있는 호수 위에 세워진 요새로 잘 보존된 이탈리아 성이다.

기르디 호수를 지배하기 위해 힘대를 주둔시키고 무기를 저장하기도 했고, 선창을 만들어 배를 보호하고, 벽과 탑들은 적을 살필 수 있는 감시탑 등 방어에 뛰어난 구조로 지어졌다. 총 쏘는 구멍을 가진 벽으로 건축되어 있는 것을 보면 15세기 이후로 탑이 공격에 사용하기 위해 구멍을 만들어 사용되었다는 것을 알 수 있다. 지금은 성곽 전망대에서 내려다보는 시르미오네 전망은 매력적이다.

홈페이지_ www.lombardia.beniculturali.it
주소_ Piazza Castello, 34
요금_ 8시 30분~19시 30분(화~토요일 / 일요일 13시 30분까지 / 월요일 휴무 / 30분 전에 입장 가능)
요금_ 13€

그로테 디 카툴로
Geotte di Ctullo

시르미오네 반도의 최북단에 위치한 로마 시대 별장의 터를 마주하면 감탄사가 절로 나온다. 호화로운 건축물을 보다보면 가르다 호수에서 발견된 비너스 상을 보러 가는 것도 추천한다. 돌 틈, 모래 바닥 위에서 코를 찌르는 유황냄새와 뜨거운 온천수가 나오는 온천은 로마시대부터 귀족들에게 사랑받아왔다. 피로를 풀고 싶다면 앉아서 온천수에 발을 담그고 풍경을 바라보면서 육체적인 피로와 정신적인 피로를 풀면 좋다. 의외로 뜨거워 오래 앉아 있기는 힘들 것이다.

주소_ Grotte di Catullo, Piazza Orti Manara 4
요금_ 8시 30분~19시 30분(일요일 18시[30분까지)
요금_ 12€

Como

코모

Como

코모

코모는 밀라노에서 50㎞ 정도 떨어져 있어 밀라노 시민들이 차로 가는 휴양지이다. 밀라노 에서 기차를 이용해 이동하는 경우가 많다. 스위스와의 국경으로 둘러싸여 코모 호수를 내려다보고 있는 코모는 카페 문화, 화려한 교회와 고급스러운 비단 무역이 매력적인 '비단의 도시'이다. 호수 옆 노천카페에 앉아 휴식을 취하면서 대규모 비단 생산지인 예술, 역사, 디자이너 실크와 직물 작품을 쉽게 볼 수 있다.

유서 깊은 거리를 따라 거닐며 화려하게 장식된 교회와 궁을 직접 보면서 우리가 알던 이탈리아와 다른 도시를 만날 수 있다. 호수에서 갓 잡은 신선한 민물고기인 '퍼치'(농어류) 요리가 유명한 리조토 알 페스체 페르시코Risotto al Pesce Persico에서 식사를 즐기면서 여유를 만끽하자.

실크 교육 박물관을 방문하여 비단 직조법과 장인 정신의 역사에 대해 알아보자. 도시 곳곳의 비단 상점에 전시된 고급 비단의 질감과 무늬를 보는 것도 좋다. 산 페델레 광장에서는 코모의 유서 깊은 건축물을 보면서 16세기 프레스코화가 인상적인 로마네스크 양식의 산 페델레 교회를 방문한다.

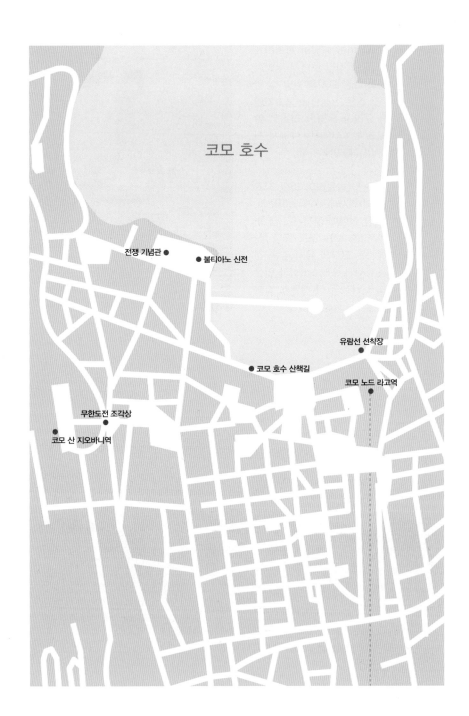

코모 호수

전쟁 기념관 ●

● 불티아노 신전

유람선 선착장 ●

● 코모 호수 산책길

코모 노드 라고역 ●

무한도전 조각상 ●

코모 산 지오바니역 ●

코모 즐기기

여러 시대에 지어진 고급스러운 저택과 빌라가 가득한 코모에서는 건축적인 감탄이 절로 나온다. 오래된 건물들은 관광객 숙소로 사용되고 있는 경우가 많으며, 건물에 딸린 정원은 대중에게 개방되기도 한다. 나폴레옹이 묵었다는 빌라 올모에서 호숫가 공원을 거닐고 와인을 음미하는 것도 좋다. 광장의 레스토랑에 들러 현지 폴렌타polenta 요리와 햇볕에 말려 양념에 재운 생선 요리, 그리고 젤라토를 즐겨 보자.

이탈리아와 스위스 국경 지대의 롬바르디아에 위치한 코모는 코모 호수에 있는 마을 중 가장 크다. 코모에 여정을 풀고 보트 투어를 하면서 호수의 이곳저곳을 꾸미고 있는 타운과 마을을 둘러보고, 푸니쿨라를 타고 아름다운 호수의 풍경과 코모의 매력적인 건축물을 감상하다 보면 코모 뒤쪽 언덕에 있는 작은 마을 브루나테가 나온다. 브루나테에서 하이킹을 하면서 인근 마을까지 걸으면 길 위에 우거진 나무 사이로 믿을 수 없을 만큼 아름다운 경치를 엿볼 수 있다.

코모 호수
Como Lake

코모호수는 이탈리아의 수많은 그림 같은 호수들 중에서도 단연 최고로 손꼽힌다. 북부 이탈리아에 위치한 매력적인 여행지는 그림 같은 도시, 유서 깊은 건축물, 산악 경치, 수상스포츠까지 즐길 수 있는 천혜의 휴양지이다. 코모 호수는 이탈리아가 자랑하는 보석 같은 명소이다. 울창한 산맥이 감싸고 있는 깊고 푸른 호수 주변에는 매력적인 도시와 마을이 곳곳에 자리하고 있다.

로마 시대부터 휴양지로 많은 사랑을 받은 코모는 굽은 도로를 따라 거닐며 중세의 건물, 화려한 궁전, 전통의 피자리아와 아이스크림 상점을 구경할 수 있는 곳이다. 호화 리조트, 고산 마을과 조용한 어촌 마을에서 수상스포츠, 자전거를 타고 겨울에는 스키의 엑티비티를 즐길 수 있다.

호수 남서쪽 언저리에 위치한 성벽 도시인 코모로 이동하여 분위기 있는 역사 지구와 아름다운 빌라 올모를 둘러본다. 코모에서 케이블카를 타고 고산 마을인 브루나테를 방문하여 등산로도 걷고 아름다운 전망도 즐겨보자. 코모에서 한 시간 정도만 걸으면 16세기의 빌라 데스테와 100,000㎡ 규모의 정원인 케르노비오가 나온다. 소박한 매력의 아르제뇨에서는 호수 동쪽 너머로 보이는 아름다운 전망을 볼 수 있다.

코모 호수의 골든 트라이앵글Golden Triangle에서 벨라지오의 고급 리조트에는 해안 산책로와 자갈길을 따라 가면 화려한 궁전과 아름다운 풍경을 만나볼 수 있다. 울

창한 언덕을 거닌 후 메나지오의 카페 광장에 앉아 휴식을 취한다. 바레나에서 지역의 중세 어업 역사에 대해 알 수 있다.

호수 남동쪽 구석에 있는 레코는 산악 경관과 로마네스크 양식의 건축물로 예술가들을 유혹한다. 인접한 발사시나는 겨울이 되면 인기 있는 스키 리조트로 변해

사람들로 북적인다. 북부 호안에 위치한 콜리코와 도마소는 활기 넘치는 수상 스포츠 명소로 유명하다. 숨 막히는 자연 속에서 카이트 서핑, 세일링과 윈드서핑을 즐기는 사람들을 볼 수 있다. 코모 호수는 휴가나 신혼여행을 고급 리조트에 묵으며 호수의 낭만적인 분위기에 취하려는 사람들이 많다.

트레메조
Tremezzo

트레메조로 가려면 코모에서 버스를 이용하거나 코모 호수에서 보트나 페리를 이봉하여 이통한다. 코모 호수 서쪽 기슭에 위치한 한가로운 도시에는 아름다운 자연 경관, 한적한 등산로와 화려한 저택들을 볼 수 있다.

경이로운 건축물과 자연 풍경, 아름다운 산책로와 여유로운 카페 문화가 조화를 이루고 있는 도시이다. 매력적인 도시는 코모 호수의 중서부 호안을 따라 펼쳐져 있으며 뒤로는 크로초네 산Mount Crocione 의 험준한 산봉우리가, 호수 너머로는 장대한 산맥이 장관을 이루고 있다.

트레메조는 코모 호수에서 가장 아름다운 저택들이 모여 있는 곳이다. 찬란한 빌라 카를로타의 내실은 18세기 말~19세기 초까지 활동한 이탈리아의 조각가, 안토니오 카노바Antonio Canova의 걸작들로 꾸며져 있다.

코모 호수의 많은 도시처럼 트레메조도 아름다운 산책로로 유명하다. 산책을 하면서 덧문이 달린 창문, 철제 발코니와 정면부의 회랑이 돋보이는 파스텔 톤의 우아한 저택들을 구경할 수 있다. 저택들은 현재 호텔, 상점, 카페, 아이스크림 상점과 피자리아로 이용되고 있다. 18세기의 산로렌조 교회를 비롯한 역사적인 건물들은 사람들의 마음을 들뜨게 만든다.

호숫가의 벤치에 앉아 벨라지오와 코모의 풍경이 한 눈이 들어오는 멋진 전망은 압권이다. 부두를 오가는 보트와 여객선을 보려면 보트 투어에 참여해 도시의 저택과 뒤로 보이는 산의 경치를 호수 위에서 바라보면 된다.

도심에서 크로초네 산기슭의 마을까지 이어진 산악로를 따라 가면 로가로 Rogaro 마을이 나온다. 성모 마리아의 상징물이 보관되어 있는 산타 마리아 교회 Chiesa di Santa Maria를 볼 수 있다.

트레메조와 호수의 전망이 바라 보이는 레스토랑에서 식사를 즐기고 산비탈 너머로 이어지는 등산로를 따라 이동하면 카데나비아와 그리안테Griante라는 마을이 나온다.

Southern Italy

이탈리아 남부

Pompeii | 폼페이

Napoli | 나폴리

Amalfi | 아말피

한낮의 태양이 강렬한 이탈리아 남부는 조금 오래 머문다면 여행에 자신이 있는 사람도 쉽지 않다. 역사, 문화적 전통이 풍부한 서부는 북부보다 경제적으로 빈곤하고 관료주의로 북부와 경제적 격차가 크다.

남부 지방의 매력은 단순하고 자연적인 풍광이다. 활기가 있고 흥분을 잘하는 남부지방 사람들은 때로는 매력으로 다가올 때도 있다. 신화와 전설이 공존하는 캄파니아, 아풀리아, 바실리카는 의외의 매력이 존재한다. 칼라브라마는 아름다운 해변으로 유럽인들이 자주 찾는다.

남부 지방 운전하기

우리가 여행하는 이탈리아 남부는 나폴리에서 시작해 폼페이를 거쳐 시작된다. 대부분은 소렌토부터 시작되는 해안 절벽과 아름다운 해변의 경치이다.

절벽을 따라 나 있는 도로는 굴곡이 많고 도로가 좁아 쉽지 않다. 특히 아말피 해안으로 들어가는 포지타노의 SS163번 도로가 특히 좁다. 게다가 투어를 나온 버스와 스쿠터가 같이 운전을 하기 때문에 조심해야 한다. 버스는 추월하려다기 문제기 발생하고 가끔씩 나타나는 스쿠터는 아찔할 수 있다. 또한 아름다운 절벽의 풍경을 보다가 전방주시를 소홀히 하면서 사고가 나는 경우도 있다.

운전은 속도를 줄이고 전방을 주시하면 된다. 날씨가 뜨겁고 나른한 오후에 구불구불한 해안 노로는 특히 정신을 차리고 운전해야 하다. 졸리다면 반드시 쉬었다가 운전을 하자. 풍경을 보고 싶다면 풍경을 보도록 만든 장소를 보고 차량의 통행이 줄었을 때 잠시 주차를 하고 바라보아야 한다.

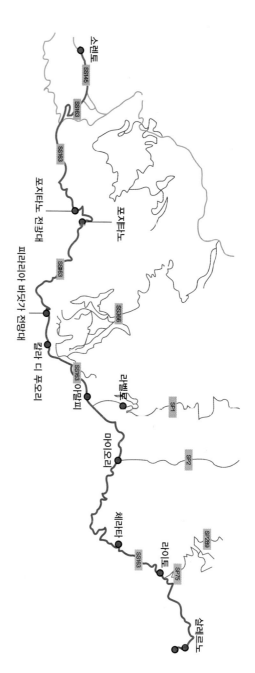

Pompeii

폼페이

Pompeii
폼페이

폼페이는 지금은 내륙이 되었으나 고대에는 베수비오 화산의 남동쪽에 위치한 항구도시였다. 제정 로마시대에는 귀족들의 휴양지로 공중목욕탕, 원형극장, 술집, 윤락가 등을 갖춘 쾌락의 도시였다. 한때 인구 2만 명에 달할 정도로 본영을 누리던 폼페이는 베수비오 화산의 폭발에 의해 한순간에 잿더미로 변했다.

폼페이 유적이 중요한 이유

기원후 79년 베수비오 화산 폭발로 재와 진흙 속에 파묻힌 폼페이는 당시 로마인들의 실생활을 엿보게 한다. 오랫동안 전설 속에 묻혀 있던 폼페이 유적은 1748년 우연히 발견되면서 세상에 다시 나오게 되었다. 현재 도시의 절반 정도가 발굴이 된 상태로 당시의 생활과 문화를 알 수 있는 다양한 유물과 유적이 발굴되고 있다.

폼페이는 부유한 로마인들의 휴양지였으며, 신전, 포럼, 로마 원형극장 상점과 호화주택들이 거리에 늘어서 있다. 이곳의 많은 모자이크와 프레스코화들은 나폴리 국립 고고학 박물관으로 옮겨졌다. 예외적으로 남아 있는 곳이 빌라 데 미니스테리Villa dei Misteri이다.

폼페이는 그리스와 로마의 지배를 받다가 화산 폭발로 붕괴되어 진흙과 용암 속에 묻혀 버렸다. 헤르 클라네움에서 거주하던 사람들은 대비할 여유가 있었지만 폼페이 주민들은 피난을 하지 못했다. 그러므로 유적이 더 소규모이고 개인주택 등은 잘 부존되어 있다. 로마 주택을 장식하던 프레스코화, 모자이크화, 가구 등이 당시 생활을 엿보게 한다.

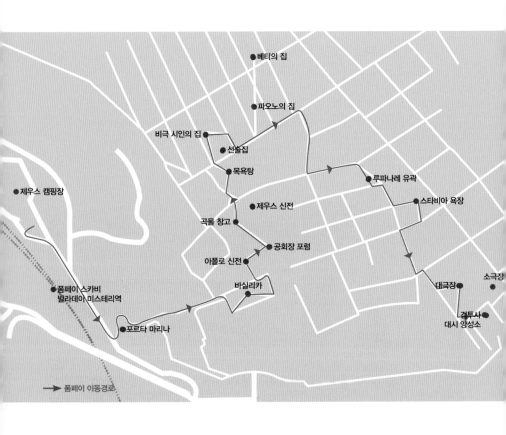

베티의 집

파오노의 집

비극 시인의 집

선술집

목욕탕

제우스 캠핑장

제우스 신전

곡물 창고

공회장 포럼

아폴로 신전

루파나레 유곽

스타비아 욕장

폼페이 스카비
빌라데이 미스테리역

바실리카

대극장

소극장

포르타 마리나

검투사
대시 양성소

→ 폼페이 이동경로

간략한 폼페이 역사

폼페이는 베수비오 화산의 폭발이 있기 전인 기원후 63년에 강력한 지진이 발생해서 도시의 절반이 파괴되었다. 당시 로마 제국의 황제였던 네로는 도시를 복구하고 더 화려한 향락의 도시를 건설하였다.

쾌락과 향락을 추구하는 인간에 대한 경고였는지, 지진이 발생한지 16년이 지난 기원후 79년 베수비오 화산이 폭발하여 도시는 초토화되고 순식간에 역사 속에서 사라져 버렸다. 당시 이 폭발이 얼마나 거대했는지 이집트에서도 관측되었다는 기록도 남아 있다.

그 후 1,700년여 년이 지난 1748년 우연히 발견된 후 지금은 도시의 80% 정도가 발굴되어 관광객에게 공개되고 있다. 폼페이 유적은 마치 타임머신을 타고 고대로 돌아간 것처럼 당시의 시대상을 사실적으로 보여준다. 성벽 안에 남겨진 주거지와 실내벽화를 통해서 당시의 일상생활과 회화 양식의 변천을 알 수 있다.

폼페이에서 중점적으로 봐야 할 장면들

성벽으로 둘러싸인 시가지는 광장을 중심으로 구시가 지역과 신시가 지역으로 나뉘어 있으며, 대부분 바둑판 모양을 잘 정비되어 있다. 하수도와 목욕탕, 극장, 공중화장실, 체육관, 공회당 등을 갖추고 있고 도로 역시 완전히 포장이 되어 있어서 번영했던 도시의 모습을 잘 엿볼 수 있다. 발굴 당시의 건물 유적은 물론 여인들의 화장도구, 꽃병, 그릇 등의 생활도구와 고통스런 모습으로 죽어가는 사람들의 형상이 그대로 남아있다.

바다의 문

해상 도시였던 폼페이는 항구로 이어지는 바다의 문
(Porta Marina)이 있었다. 2개의 문이 있었는데, 왼쪽의
작은 문은 보행자용이고 오른쪽 큰 문은 마차용으로 교역
해 인전과 빠른 통행을 가능하게 만들었나. 마자 도로에
는 유리를 박아 밤에 유리에 반사되는 빛으로 도로를 확
인할 수 있도록 했다.

옛 로마시대에 종교적으로 중요한 건물로 아폴로와 그의
쌍둥이 동생인 디아나(아르테미스)를 모시던 신전이었다.
기원전 575년으로 추정되는 테라코타 유물과 장식이 남
아 있고, 14개의 제단과 18개의 기둥이 건물을 받치고 신
전의 천면에 아폴로와 궁수 디이니기 보인다.

아폴로 신전

폼페이 핵심 도보 여행

매표소에서 티켓을 구입하여 유적지로 들어서면 가장 먼저 보이는 곳은 폼페이의 서쪽 관문이었던 마리나 성문Porta Marina이다. 이 성문을 통과하면 본격적으로 폼페이 유적이 펼쳐진다.

폼페이는 워낙 넓은 지역에 형성되어 있기 때문에 샅샅이 돌아보려면 반나절 가지고도 부족할 것이다. 특별히 고고학적으로 관심이 있지 않다면 중요한 곳만 선별해서 자세히 살펴보고 나머지는 그냥 훑어보는 방식으로 돌아보는 것이 좋다.

폼페이에서 빼놓지 않고 꼭 봐야 할 곳들로는 신비의 빌라Villa dei Misteri와 베티의 집Casa dei Vetti, 비극시인의 집Casa dei Porta Tragico, 목신의 집Casa dei Fauno, 폼페이 최대의 번화가였던 비아 델 아본단차Via dell Abbondanza거리 등이다.

비아 델 아본단차(Via dell Abbondanza)거리 인도와 차도로 구분되어 있고, 밤에 이용할 수 있도록 달빛에 반사되는 돌을 작게 박았다.

성문을 통화해 조금 올라가면 왼쪽으로 아폴로 신전Tempo di Apollo이 보인다. 이 신전의 중심 부는 기원전 6세기에 세워진 후 네로 황제 시대에 새롭게 단장되었다. 신전의 평면은 장방 형이고 그 주위에 48개의 원기둥이 세워져 있었다. 신전의 제단에는 '활을 쏘는 아폴로'와 '다이아나'의 두 조각이 있었는데, 지금은 나폴리 국립박물관으로 옮겨졌다.

아폴로 신전에서 조금 더 가면 보이는 포럼Foro에서 왼쪽으로 돌아 걸어가면 유적지 바깥으로 신비의 빌라가 동떨어져 있다. 신빈의 빌라는 폼페이에서 가장 화려한 프레스코화로 유명한 곳을 이 곳이 발견되었을 때 유럽의 고고학계가 흥분의 도가니에 빠져들었다고 한다.

기원전 2세기에 세워진 이 빌라는 로마시대에 새롭게 장식된 후 62년의 대지진을 파괴되었으나 현재 부분적으로 복원되어 로마제국의 화려함을 보여주고 있다.

신비의 빌라를 돋보이게 하는 것은 폼페이 적색이라는 특유의 붉은 색을 사용한 연작인 벽화 '신비의 이야기이다. 보는 이를 놀라게 할 정도로 완벽하게 보존되어 있는 이 벽화는 폼페이 미술을 이해하는 데 매우 중요한 요소이기도 하다.

작가가 밝혀지지 않은 이 벽화의 내용은 디오니소스 신 숭배의식을 그린 것으로 추정되고 있다. 베티의 집은 폼페이에서 가장 아름답고 매력적인 집으로 꼽히는 곳이다. 이 집은 보존 상태가 굉장히 양호하기 때문에 2,000년 전의 폼페이 부유층의 생활상을 그대로 엿볼 수 있다.

이 집의 내부 주랑정원에도 다양한 모습의 큐피트를 그린 매력적인 벽화가 그대로 복원되어 있다. 그 외의 다른 방에도 뛰어난 벽화 장식과 무늬가 남아 있다. 결론적으로 베티의 집은 벽화와 조각, 건축, 조경 등 다방면에 걸쳐서 당시의 수준을 가늠할 수 있는 곳이다.

연극작가를 묘사한 모자이크에서 유래한 비극 시인의 집은 폼페이 최고의 모자이크인 '개조심'을 볼 수 있는 곳이다. 집의 입구 바닥에 보면 사나워 보이는 개의 모자이크 벽화가 있는데, 라틴어로 '개조심Cave Canem'이라고 쓰여 있다. 벽화가 크지는 않다. 목신의 집은 그리스 헬레니즘의 요소가 가미된 저택으로 전체적으로 조화와 균형이 잘 잡힌 집이다.

이곳은 유명한 모자이크 그림 '전투 중의 알렉산드로스 대왕'과 청동 조각 '춤추는 목신이 발견된 집이다. 전투 중의 알렉산드로스 대왕'은 역동적인 말들의 모습과 숨 막히는 전투 장면을 사실적으로 표현한 걸작으로 꼽힌다. 비아 델 아본단차 거리는 폼페이에서 비교적 나중에 형성된 거리였으나 점차 폼페이 최고의 중심지로 자리 잡았다. 폼페이가 경제적으로 발전하면서 신흥 부호들이 자리 잡기 시작한 거리로 대규모 저택과 상가들이 많이 있던 신흥 중심 거리이다.

Napoli

나폴리

세계 3대 미항으로 알려진 나폴리는 맑은 하늘과 곳곳에 산재한 유적들은 여행자를 매료 시킨다. 하지만 복잡하고 지저분한 거리를 보면 실망할지 모른다. 소매치기와 각종 경범죄의 증가로 악명을 떨치기도 하지만 나폴리는 로마에서 약 2시간 정도 소요되는 이탈리아 남부 교통의 중심지로 폼페이, 소렌토 카프리로 가는 관문이기 때문에 반드시 들르는 도시이다.

한눈에 나폴리 파악하기

나폴리를 찾는 여행자들은 대부분 카프리 섬이나 폼페이를 연계하여 가려고 하기 때문에 당일치기 여행으로 들렀다 이동한다. 가리발디 광장에서 나폴리 여행을 시작하는 데 이 광장을 중심으로 무니치피오 광장, 카스텔 누오보, 왕궁, 플레비시토 광장을 이어 관광한다. 푸니쿨라를 타고 산 엘모 성에 올라 나폴리 전망을 살펴보면 대략 여행의 끝난다.

> **스파카 나폴리 (Spacca Napoli)**
>
> 나폴리에서 가장 오래된 주거지역으로 박물관 아래부터 동쪽으로 이어진 포르셀라 거리(Via Forcella)까지 뻗은 직선도로이다. '나폴리를 나눈다.'라는 뜻의 스파카 나폴리(Spacca Napoli)는 시가지를 나누는 것을 확실히 구분할 수 있는 것에서 시작되었다고 할 수 있다.

국립 고고학 박물관
Museo Archeologico Nazionale

규모가 꽤 큰 박물관으로 나폴리에서 가장 볼만한 곳일 것이다. 폼페이, 에르콜라노 등에서 발굴된 다양한 유물들이 전시되어 있다.

그리스 로마 시대의 유물에 관해서는 세계 최고의 컬렉션을 자랑하는 곳으로 프레스코, 도자기, 갑옷, 헬멧 등 다양한 유물을 소장하고 있다.

12 전시실에 있는 파르네세 헤라클레스, 로마의 카르칼라 욕장에서 발굴된 파르네세 황소, 폼페이에서 발굴한 모자이크 화인 알렉산더와 다리우스, 세네카의 흉상 등이다.

주소_ Piazza Museo, 19, 80135
시간_ 9~19시 30분(화요일 휴무)
요금_ 23€

카스텔 누오보
Castel Nuovo

나폴리의 상징 같은 건축물로 1282년 프랑스 양주 가문의 샤를이 왕궁으로 4개의 탑을 가진 프랑스 양식의 성으로 유럽에서 가장 남성미 넘치는 성으로 알려져 있다. 성 입구에는르네상스 양식의 하얀 대리석으로 개선문이 있는데, 이것은 15세기 때 스페인 아라곤 왕국의 알폰소 왕이 양주 가문을 격파한 것을 기념하기 위해 세운 것이다.

개선문에는 알폰소 왕이 조각되어 있고, 맨 위에 미카엘 천사상이 세워져 있다. 나폴레옹이 이탈리아를 점령했을 당시에는 이 성을 자신의 집무실로 사용하기도 했다. 성내에는 14~15세기의 조각과 프레스코화를 전시한 미술관이 있다.

주소_ Via Vittorio Emanuele, 80132
시간_ 9~18시(화요일 휴관)
요금_ 9€

카스텔 델로보
Castel dell'Ovo

산타루치아의 아름다운 해안선을 따라 바다에 돌출한 곳에 세워진 견고한 성채이다. 이곳은 한때 조개 시장이 있던 곳으로 성은 노르만인이 지배하던 1154년에 착공되어 왕궁으로 상요되었다. 시인이자 마법사였던 비르질리오가 깨지면 재앙이 온다는 계란을 성 지하에 묻어두었다고 해서 '계란 성Castel dell'Ovo'이라고 불렀다.

내부에는 로마 시대의 별장 원주와 감옥이 보존되어 있고 고대 유물을 전시해 놓은 토속 박물관이 있으나 일반적으로는 개방하지 않는다. 성이 있는 언덕에서 보는 일몰이 아름답다.

주소_ Via Eldorado, 3, 80132
시간_ 9~18시(공휴일 휴무 / 주말 13시까지)

산 마르티노 박물관
Museo Nazionale di San Martino

나폴리의 역사를 이해하는데 도움이 되는 박물관으로 시내를 한눈에 내려다볼 수 있는 보메르 언덕 위에 있다. 14세기에 세워진 수도원을 개축하여 1866년에 개관하였다. 나폴리와 관련된 많은 예술품들과 문서, 생활 자료, 회화 등이 전시되어 있다. 박물관 앞의 산 마르티노 광장에서는 세계 3대 미항이라는 나폴리의 아름다운 풍경이 펼쳐진다.

나폴리 왕궁
Palazzo Reale

나폴리가 스페인 통치 하에 있던 1602년에 만들어졌으나 왕궁으로 쓰이기 시작한 것은 1734년 부르봉 왕조 때부터이다. 15세기에 보수를 하면서 왕궁 정면에 역대 나폴리 왕들의 석상이 세워졌다. 왕궁 내부에는 대대로 내려오는 왕실의 가구와 미술품 등이 전시되어 있는 박물관이 있다.

주소_ Piazza del Plebiscito, 1, 80132 Napoli NA
시간_ 9~18시 / 수요일 휴무일
전화_ +39-081-400547

산 카를로 극장
Teatro di San Carlo

왕국 옆에 있는 산 카를로 극장Teatro San Carlo은 로마 오페라 극장과 밀라노 스칼라 극장과 함께 이탈리아 3대 오페라 극장 중의 하나로 1737년 부르봉 왕조의 카를로 3세 때 만들어진 것이다. 이탈리아 남부의 음악을 이끌어 가는 곳으로 뛰어난 음향 효과로 유명하다.

주소_ Via San Carlo, 98, 80132
시간_ 9~18시
요금_ 12€ (투어)

카프리(Capri)

코발트빛의 하늘과 에메랄드 빛 바다, 아름다운 꽃과 야생 식물이 인상적인 카프리 섬은 아름답다는 말로는 설명하기 힘들다. 따뜻한 기후와 천혜의 경관으로 고대 로마시대부터 황제와 귀족, 예술가 등의 사랑을 받아왔다. 15세기 해적을 피하기 위해 고지대에 형성된 마을이 현재 섬에 있는 카프리의 기원이 되었다.

나폴리 남쪽으로 약 32㎞ 떨어져 있는 카프리 섬은 길이가 동서로 7㎞, 남북으로 2.4㎞밖에 되지 않는 작은 섬이다. 이탈리아 남해안에 위치한 매력이 넘치는 카프리 섬은 아름다운 풍경, 고대의 유물, 바위가 많은 경관으로 관광객들의 마음을 사로잡는다. 그림 같은 카프리 섬은 역사, 자연, 문화와 신화가 어우러진 곳으로 유명한 지중해에 있는 이 작은 섬은 2,000년이 넘는 세월 동안 부호들과 권세가들이 즐겨 찾는 휴양지였다.

짙푸른 지중해에 떠 있는 그림 같은 섬, 카프리는 푸른빛에 대비되는 언덕에 오밀조밀 있는 하얀 지붕들이 인상적이다. 카프리 섬은 그 유명세 때문에 관광지화 되어 고즈넉한 멋은 사라졌지만 신비스러운 빛을 발하는 푸른 동굴Grotta Azzura을 보기 위해 많은 관광객들이 이곳을 찾는다. 만조 때에는 동굴 입구가 막히고 간조 때에는 열리는 푸른 동굴은 열려진 사이로 햇빛이 들어와 맑은 지중해 바닷물에 반사되어 동굴 안은 푸른빛이 가득하다.

푸른 동굴로 가는 것도 좋지만 너무 유명세에 연연할 필요는 없다. 이곳에서 잠시 시간의 흐름을 잊은 채 느긋하게 관장 야외 테라스에서 커피를 마시거나 지중해를 바라보며 산책을 하면서 섬의 한가로움을 즐겨 보는 게 더 좋을 것이다.

고대 로마의 황제들이 별장을 지었고, 19세기에는 작가와 예술가, 귀족들이 유럽 일주를 하면 반드시 들렀던 장소였다. 1950년대부터는 영화배우들이 요트를 즐기는 곳으로 인기를 끌었다. 오늘날까지도 인기가 높은 카프리 섬은 '이탈리안 시크'의 전형을 보여준다. 아름다운 경치와 한적한 작은 만, 고대 로마의 흔적과 짙푸른 바닷물, 세련된 부티크를 경험할 수 있는 최적의 장소이다,

Amalfi

아말피

바위투성이 절벽 위로 마을과 포도밭이 늘어서 있는 나폴리 남쪽의 아름다운 해안을 따라 트레킹, 드라이브, 뱃놀이를 즐길 수 있다. 이탈리아 남부의 아말피Amalfi 코스트를 따라 굽이치는 45㎞ 길이의 도로를 이동하면서 포도밭과 고대 유적을 볼 수 있다. 도중에 프래아노, 미노리, 라벨로 등의 마을에 들러 바다보다 높은 전망 좋은 곳에 위치한 교회와 집에서 바다를 바라보자.

아름다운 경치와 한적한 해변을 가진 아말피 해안은 유명 인사들이 사랑하는 관광지이며 호텔, 레스토랑, 바는 부유층이 주요 고객이다. 그렇다고 너무 낙담하지는 말자. 예산이 넉넉하지 않다면 저렴한 숙소와 식당도 얼마든지 많다.

백사장에서는 어디든 수건을 깔고 편하게 누워 즐길 수 있다. 해안을 따라 나 있는 작은 해변에 사람이 너무 많이 몰리면 아말피에서 보트를 빌려 바다로 나가면 된다. 바다에서 보는 아름다운 해안 풍경은 굉장히 많다.

> **신의 길**
>
> 운동화를 신고 마을을 이어주는 꼬불꼬불 이어지는 트레킹 트레일을 따라가 봐도 좋다. 포지타노와 프래아노 사이에 있는 신의 길은 너무 유명하다. 해안을 따라 이어지는 10m의 산책로는 쉽게 걸으면서 이탈리아에서 가장 아름다운 경치를 구경할 수 있는 방법이다. 관광객이라면 절대 놓치지 말아야 할 필수 코스이다.

한눈에 아말피 파악하기

중세 이탈리아에서 막강한 해상공화국 중 아나였던 아말피는 관광 도시가 되었지만 조용한 분위기와 아름다운 해안으로 항상 인기를 끄는 도시이다. 인상적인 두오모, 카프리의 불루 그로토와 비교되는 분위기도 눈여겨 볼만하다.

환상적인 경치를 자랑하는 절벽 꼭대기의 정원은 천천히 느긋하게 둘러볼 수 있다. 빌라 침브로네와 빌라 루폴로에 가서 화단의 아름다운 경치를 감상하자. 해안을 따라 형성된 마을에서는 옛날에 지어진 교회들이 있는데, 12세기에 지어진 건물도 상당하다. 포지타노의 산타 마리아 아순타 교회에 있는 검은 마논나와 프래아노의 산 루카 교회에 있는 성 누가의 은빛 흉상은 아말피Amalfi 관광의 핵심이다.

아말피 뒤 언덕에 버스로 갈 수 있는 라벨로는 한때 교황의 집이었고 후에는 독일 작곡가 바그너의 집이었던 11세기 빌라 루폴로도 볼만하다.

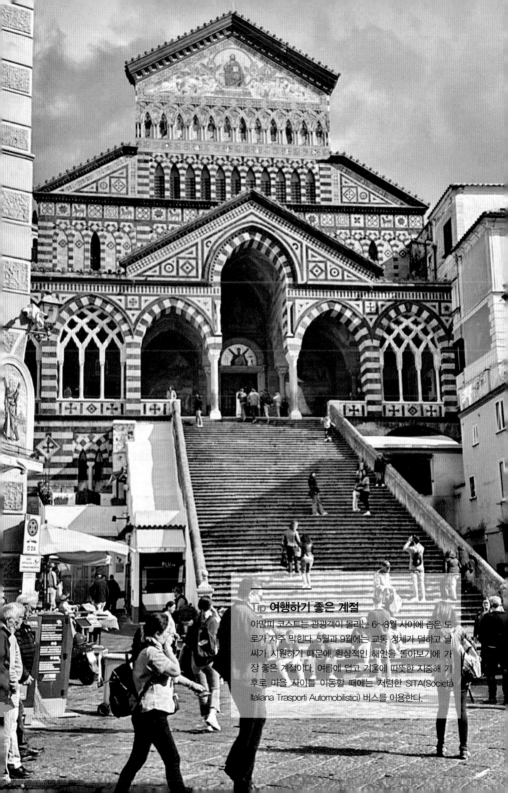

Tip **여행하기 좋은 계절**

아말피 코스트는 관광객이 몰리는 6~8월 사이에 좁은 도로가 자주 막힌다. 5월과 9월에는 교통 정체가 덜하고 날씨가 시원하기 때문에 환상적인 해안을 돌아보기에 가장 좋은 계절이다. 여름에 덥고 겨울에 따뜻한 지중해 기후로 마을 사이를 이동할 때에는 저렴한 SITA(Società Italiana Trasporti Automobilistici) 버스를 이용한다.

조대현

현재 스페인에 거주하면서 63개국, 198개 도시 이상을 여행하면서 강의와 여행 컨설팅, 잡지 등의 칼럼을 쓰고 있다. MBC TV특강 2회 출연(새로운 나를 찾아가는 여행, 자녀와 함께 하는 여행)과 꽃보다 청춘 아이슬란드에 아이슬란드 링로드가 나오면서 인기를 얻었고, 다양한 강의로 인기를 높이고 있으며 "해시태그" 여행시리즈를 집필하고 있다.

저서로 아이슬란드, 모로코, 가고시마, 발트 3국, 블라디보스토크, 조지아, 폴란드 등이 출간되었고 이탈리아, 오스트리아, 프랑스, 스페인 북부 등이 발간될 예정이다.

폴라 http://naver.me/xPEdID2t

신영아

프랑수와 사강(francoise sagan)에 매혹되어 무작정 날아가 살던 프랑스 파리에서 평생의 동반자를 만났다. 본인의 전공을 따라 해외대기업 회계팀에서 일하다가 과감히 퇴사하고 진정한 자아를 통한 삶을 찾기 위해 이탈리아 로마로 향했다. 이제는 로마를 제2의 고향으로 삼고 살고 있다. 밀라노에서 생활하면서 여행 작가와 다양한 창작 활동으로 자신의 삶에 좋아하는 코랄빛을 더해가고 있다.

이탈리아 소도시 여행

인쇄 | 2024년 4월 24일
발행 | 2024년 5월 22일

글 | 조대현
사진 | 조대현
펴낸곳 | 해시태그출판사
편집·교정 | 박수미
디자인 | 서희정

주소 | 서울시 강서구 허준로 175
이메일 | mlove9@naver.com

979-11-93839-23-2(03920)

※ 일러두기 : 본 도서의 지명은 현지인의 발음에 의거하여 표기하였습니다.